DIE CRANACHS

DKV

Kunst-
sammlungen
Schlösser
und Gärten

Staatliches Museum
Schwerin/Ludwigslust/Güstrow

DIE CRANACHS

Die Werke des Staatlichen Museums Schwerin

Herausgegeben von Dirk Blübaum und Tobias Pfeifer-Helke für das Staatliche Museum Schwerin / Ludwigslust / Güstrow

DEUTSCHER KUNSTVERLAG

INHALT

CRANACHS LUTHER

Bereits im frühen 16. Jahrhundert bekannte sich das mecklenburgische Fürstenhaus zu den Zielen der Reformation und war dementsprechend bestrebt, sein Entstehen für den neuen Glauben in bildhafter Form zu dokumentieren. Die Voraussetzung für die Verbreitung der lutherischen Lehre schufen in entscheidendem Maße die verwandtschaftlichen Beziehungen der mecklenburgischen Fürsten. Eine der in dem Zusammenhang wichtigen Eheschließungen war die von Sophie von Mecklenburg. Am 1. März 1500 heiratete sie Herzog Johann den Beständigen von Sachsen, der zeitweilig gemeinsam mit seinem Bruder, Herzog Friedrich dem Weisen, regierte. Letztgenannter war einer der treibenden Förderer der Reformation in Deutschland. So war es Friedrich der Weise, der Luther vor der Kirchengerichtsbarkeit wie auch vor dem Vollzug der kaiserlichen Acht in Schutz nahm, womit er entscheidend zur Ausbreitung der reformatorischen Ideen in Deutschland beitrug.

Am 22. Mai 1551 schloss sich Herzog Albrecht von Preußen mit den anderen protestantischen Fürsten Norddeutschlands im Vertrag von Torgau zusammen. Dieser Vertrag bildete die Grundlage für den Fürstenaufstand gegen den katholischen Kaiser Karl V., an dem sich auch Johann Albrecht I. beteiligte. Schließlich sicherte der Augsburger Religionsfriede von 1555 den protestantischen Reichsfürsten die beabsichtigte Religionsfreiheit und Unabhängigkeit. So konnte er 1552 fast sämtliche mecklenburgischen Klöster in herzogliche Domänen umwandeln, führte Kirchenvisitationen durch, errichtete evangelische Gelehrten- und Volksschulen und berief protestantische Theologen an die Universität Rostock.

Auch bei der Wahl ihrer Hofkünstler ließen sich die mecklenburgischen Regenten von ihren Verwandten inspirieren. 1533 ließ Aegidius Faber, der spätere Hofprediger und Reformator von Schwerin, seine mit einem Prolog von Martin Luther versehene Streitschrift in der Cranach-Werkstatt drucken. Auch die *Mecklenburgische Kirchenordnung* erschien 1552 zusammen mit einem Holzschnitt von Lucas Cranach d. J. Als Hofmaler berufen wurde letztlich aber Erhart Altdorfer, der Bruder Albrecht Altdorfers. Erhart Altdorfer wurde 1480 in Regensburg geboren und starb 1561 in Schwerin.

In der Ausstellung *Cranachs Luther* auf Schloss Güstrow sind die Werke Cranachs d. Ä. und Cranachs d. J. zusammengefasst, die im Rückblick auf die religionspolitischen Ereignisse von den mecklenburgischen Fürsten auch im 19. Jahrhundert für ihre Sammlung erworben wurden – bis auf das erste ganzfigurige Porträt Martin Luthers, dieses zählte bereits seit dem 16. Jahrhundert zum Besitz. Leider ist heute nicht mehr bekannt, welcher der mecklenburgischen Fürsten im Einzelnen welche der Arbeiten ankaufte, trotzdem vermögen die Gemälde und Stiche in ihrer Gesamtheit das Spektrum der reformatorischen Ansprüche und der inhaltlichen Stoßrichtung zu zeigen.

Die Idee zur Realisierung dieser Ausstellung, die Partner von *Luther 2017. 500 Jahre Reformation* ist, geht auf Tobias Pfeifer-Helke zurück. Birgit Baumgart bereicherte unsere Überlegungen, indem sie auf die 2014 in der Gemäldegalerie Berlin veranstaltete Schau *Pop up Cranach* verwies, die vom Alice – Museum für Kinder im FEZ-Berlin und der Stiftung Luthergedenkstätten in Sachsen-Anhalt konzipiert wurde. Es ist dem Einsatz von Monika Lehmann (Schloss Güstrow) zu verdanken, dass dieses begleitende Vermittlungsprojekt auch in Güstrow umgesetzt werden konnte. Mit großem Engagement bewältigte sie alle Schwierigkeiten, um *Pop up Cranach* nach Mecklenburg zu holen. Regina Erbentraut begleitete und unterstützte als Schlossleiterin von Güstrow die Ausstellung mit Rat und Tat. Die gelungene Ausstellungsgestaltung lag in den Händen der Agentur wolkenbank. Ebenso gilt unser besonderer Dank allen Mitarbeitern des Staatlichen Museums Schwerin. Das Rahmenprogramm *Pop up Cranach* konnte nur durch eine umfangreiche finanzielle Beteiligung der Abteilung Schlösser und Gärten im Finanzministerium Mecklenburg-Vorpommern realisiert werden, wofür wir uns an dieser Stelle sehr herzlichen bedanken möchten. Ebenfalls geht ein Dank an die Nordkirche, die das Projekt unterstützte. Die Ausstellung wird von der vorliegenden Publikation begleitet. Allen Autoren möchten wir für den kollegialen Austausch und die kompetenten Beiträge danken. Die Produktion des Katalogs lag in den sorgsamen Händen des Deutschen Kunstverlags.

Dirk Blübaum
Direktor Staatliches Museum Schwerin / Ludwigslust / Güstrow

DIE CRANACHS

Tobias Pfeifer-Helke

LUCAS CRANACH D.Ä.

Wer waren die Cranachs? Den Erfolg der bedeutendsten Künstlerfamilie im mitteldeutsch-sächsischen Raum mit über 1000 erhaltenen Werken, deren Motive vielfach modifiziert und variiert wurden, zu erfassen, heißt zugleich, ein außergewöhnliches Phänomen in einer Zeit des religiösen Umbruchs und der sozialen Veränderungen zu beschreiben. Die Strahlkraft der Familie reicht weit über das 16. Jahrhundert hinaus. Zu ihren Nachkommen, den Cranachiden, gehörten Persönlichkeiten wie die Geschwister Schlegel oder Johann Wolfgang von Goethe.

Um das gesellschaftliche Ansehen und die besondere Stellung der Familie im Wittenberg (Abb. 1) der Reformationszeit zu veranschaulichen, sei eingangs auf ein Ereignis im Jahr 1520 verwiesen.[1] Aufgrund von zahlreichen Übergriffen und einer ganz allgemein attestierten Verrohung der Sitten war es den adligen Studenten der aufstrebenden Universitätsstadt verboten worden, in der Öffentlichkeit Waffen zu tragen. Von diesem Verbot blieben die Gesellen der Werkstatt Cranachs ausgenommen, die wie ihr Meister unbehelligt Pistolen und Stichwaffen in der Stadt mit sich führten. Die empörten Studenten

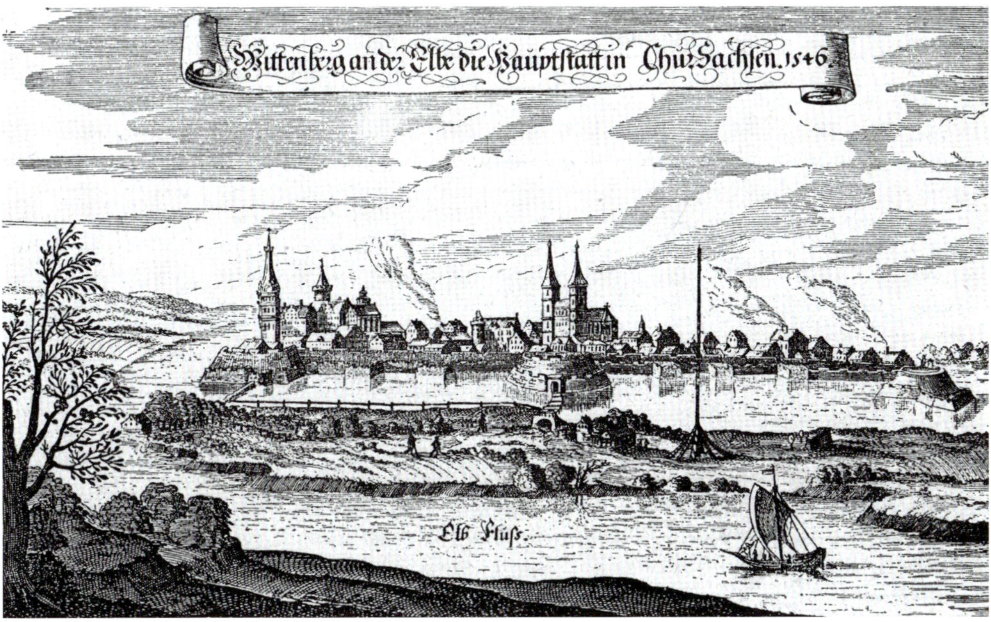

1 Matthias Merian d. Ä., Ansicht von Wittenberg aus dem Jahr 1547, 1646, Kupferstich

1 WV Schuchardt 1851–1871, Bd. 1, S. 71–73. Aus der Fülle der Literatur zu Lucas Cranach d. Ä. und zum Folgenden siehe besonders WV Schuchardt 1851–1871, Thöne 1965, Schade 1974, Ausst.-Kat. Basel 1974–1976, Warnke 1984, WV Friedländer/Rosenberg 1989, Hinz 1993, Strehle/Kunz 1998, Marx/Mössinger 2005, Tacke 2007a, Ausst.-Kat. Frankfurt 2007, WV Hofbauer 2010, Hinz 2014b und Ausst.-Kat. Wittenberg/Dessau/Wörlitz 2015.

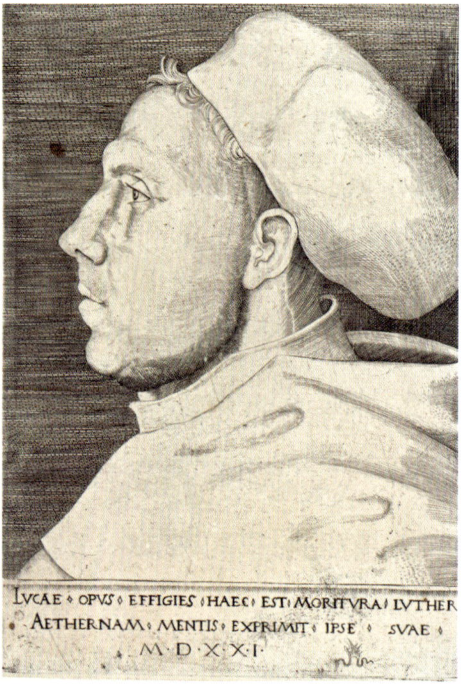

2 Lucas Cranach d. Ä., Luther als Augustinermönch mit Mütze, 1521, Kupferstich, Staatliche Museen zu Berlin, Kupferstichkabinett

beschwerten sich beim Rat. Doch statt nun für alle höhergestellten jungen Männer in der 2 000 Einwohner und 400 Häuser zählenden ernestinischen Residenzstadt gleiches Recht zu gewähren, stellten sich die Richter und die Polizei auf die Seite der Cranach'schen Gesellen. Infolgedessen kam es zu blutigen Auseinandersetzungen. Schließlich schaltete sich gar der bekannteste Theologe der Stadt, Martin Luther (1483–1546; Abb. 2), ein und bezichtigte den Rektor der Universität, den Zwist bewusst zu schüren – so dass dieser letztlich in Ungnade fiel. Das Ereignis veranschaulicht das hohe Ansehen, das Cranach und seine Werkstatt beim Kurfürsten und in Wittenberg genossen.

Lucas Cranach d. Ä. (1472–1553; Abb. 3) gehörte in seiner Funktion als Hofmaler sowohl zur *familia* des Kurfürsten als auch zu seinen engsten Vertrauten. Friedrich III., genannt der Weise (1463–1525; Abb. 4), bevorzugte ihn gar vor dem einen oder anderen Berater. Cranach war nicht nur zuständig für Dekoration, Ausgestaltung und Ausstattung der fürstlichen Schlösser, Gebäude und Feste, sondern begleitete seinen Landesherrn in diplomatischen Angelegenheiten. Die Gemälde des hochbegabten Malers wurden zu geschätzten Exportartikeln des ernestinischen Sachsens mit internationalem Renommee. Nachdem Kaiser Karl V. (1500–1558; Abb. 5) und die verbündeten italienisch-spanischen Heere im Jahr 1547 bei Mühlberg einen entscheidenden Sieg gegen die reformierten Koalitionäre errungen hatten, plünderten die Truppen nicht nur umliegende Städte und Dörfer, sondern zerstörten auch die Werke der Cranachs auf Schloss Torgau. Einen Tag nach der Schlacht ließ der Kaiser den Maler rufen. In der Überlieferung wurde noch Generationen später behauptet, Cranach habe vor dem Besuch sein Testament verfasst und sich von seiner Familie verabschiedet. Doch der Kaiser wollte allein den bedeutenden Maler sehen, von dem er eine Arbeit besaß und dem er als Knabe 1508 in Mecheln Modell gesessen hatte.[2]

Die Allianzen mit der Politik und den Mächtigen wussten die Cranachs meist mit großem Geschick für sich zu nutzen, doch wurde im Verlauf dieses im Zeichen der Religionskriege stehenden Jahrhunderts sehr deutlich, wie rasch sich politische Konstellationen verschieben konnten und folgend das Auskommen des weit verzweigten Familienverbundes ins Wanken geriet. Um diesen Unwägbarkeiten zu begegnen, bemühte sich die Familie, die finanziellen Einnahmen auch auf Bereiche jenseits der Malerei auszudehnen. Zeitgleich wuchs diese durch steigende Nachfrage zu einer Großproduktion. Die Marke Cranach war in den 1530er Jahren etabliert und erfreute sich auch überregional enormer

2 Hinz 1993, S. 125–126.

Beliebtheit. Cranach war Maler, Unternehmer und Politiker in einer Person. Er avancierte zu einem wichtigen Repräsentanten des aufstrebenden ernestinischen Sachsens, dessen Entwicklung die angrenzenden Länder mit Interesse verfolgten. Zwischen seinen unterschiedlichen Rollen schien Cranach problemlos wechseln zu können. Gleichzeitig barg die

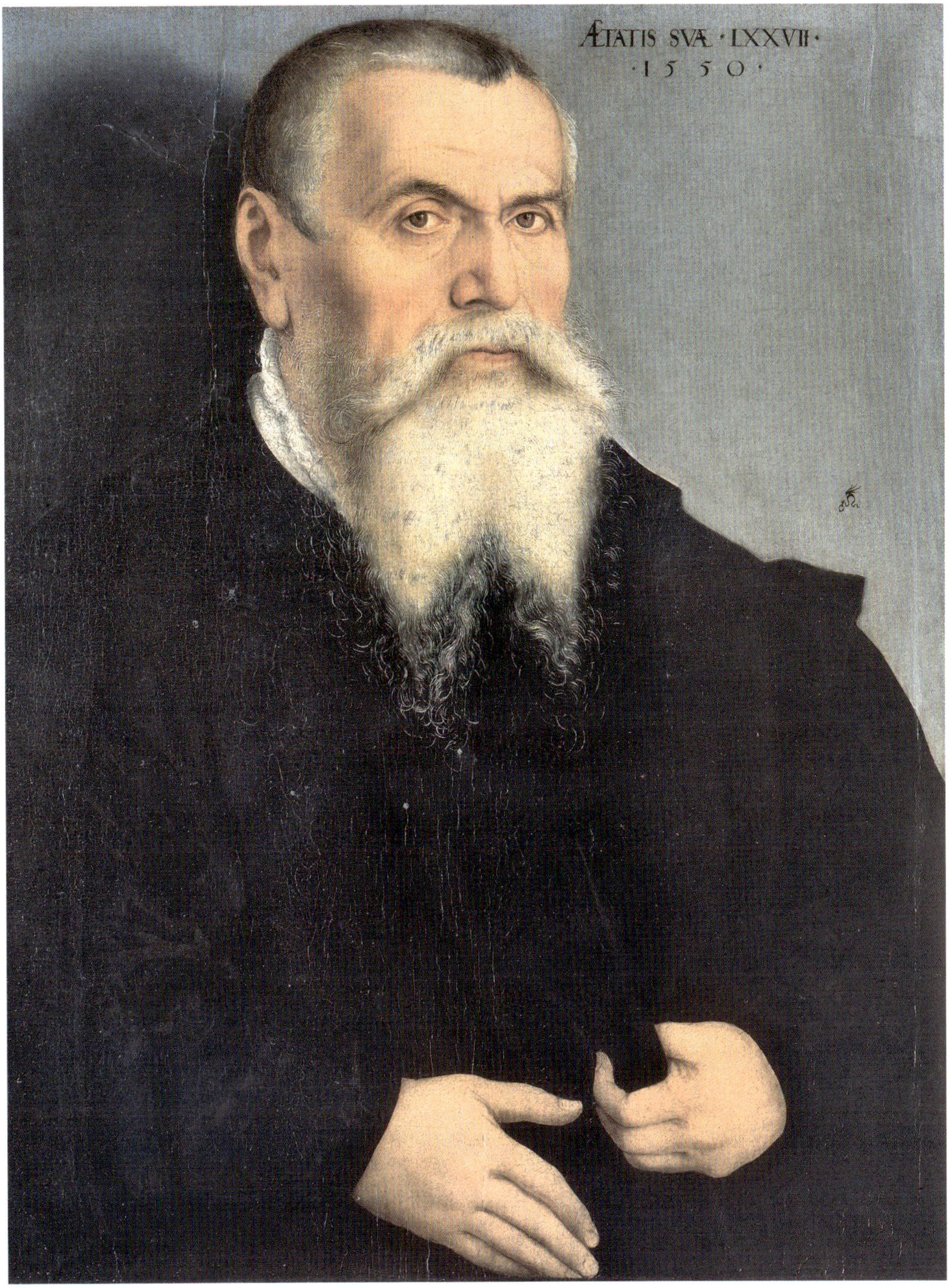

3 Lucas Cranach d. J., Bildnis Lucas Cranach d. Ä., 1550, Öl auf Holz, 64 × 49 cm, Florenz, Uffizien

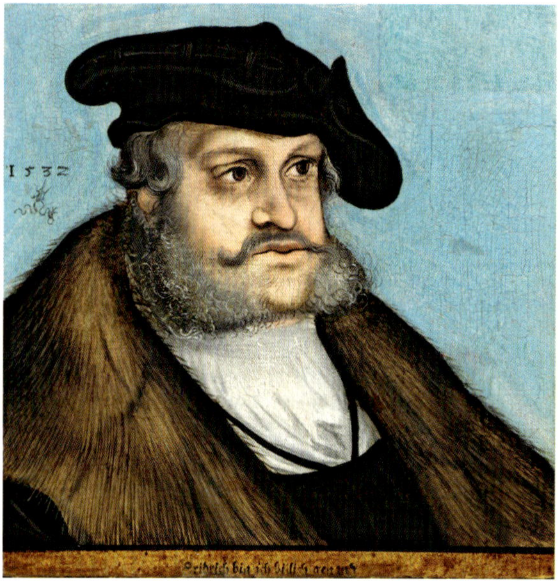

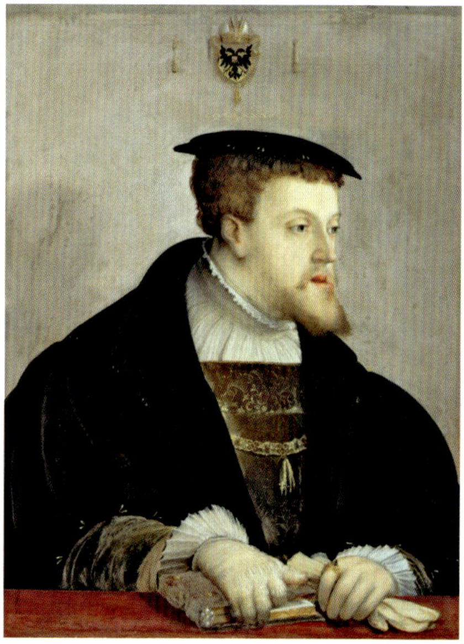

4 Werkstatt Lucas Cranachs d. Ä., Bildnis Friedrich der Weise, 1532, Öl auf Rotbuchenholz, 12 × 11 cm, Staatliche Museen zu Berlin, Gemäldegalerie
5 Christoph Amberger, Bildnis Kaiser Karl V., um 1532, Öl auf Lindenholz, 67,2 × 50,7 cm, Staatliche Museen zu Berlin, Gemäldegalerie

Nähe zur Politik auch zahlreiche Gefahren, denen sich die Familie im Zeitverlauf immer wieder ausgesetzt sah.

Lucas Cranach wurde 1472 in Kronach geboren, als einer von zwei Söhnen einer angesehenen Malerfamilie. Ob er nach dem heiligen Lukas, dem Schutzpatron der Künstler und Maler benannt wurde, ist nicht bekannt. Er selbst führte zeitlebens seine Geburtsstadt im Namen. Die erste Ausbildung wird er wahrscheinlich im väterlichen Atelier erhalten haben. Seine außergewöhnliche Karriere begann dann in fortgeschrittenem Alter. Ausschlaggebend war der Kontakt zu dem sächsischen Kurfürsten Friedrich dem Weisen. Dessen mitregierender Bruder Johann von Sachsen (1468–1532) unterhielt in Coburg eine Residenz, wo Cranach wohl lebte, ehe er 1502/03 für kurze Zeit nach Wien reiste. Die beiden regierenden Fürsten gingen im heute fränkischen Gebiet gern zur Jagd und suchten den Maler auf, um ihrer Leidenschaft in Form von Jagdszenen künstlerischen Ausdruck zu verleihen (Abb. 6). Der Kurfürst Friedrich soll Lucas 1490 in seiner Werkstatt aufgesucht haben. Wie es dort aussah, beschrieb der Nürnberger Jurist Christoph Scheurl: »Wohin man sich wendet, in jedem Winkel zeigt sich ein Gemälde, das die Augen mit Gewalt auf sich zieht, so wahr dargestellt, mit solcher Genauigkeit der Züge, dass Wenigen das Werk als leblos erscheint (…).«[3] Scheurl betont die Qualität der Gemälde Cranachs, eine Einschätzung, der man gern folgt, wenn man etwa ein Frühwerk wie die jugendlichen Frauen des Dresdner Katharinenaltars (Abb. 7) betrachtet, die so gar nichts mit den Martyrien jener Heiligen gemein haben, die sie eigentlich verkörpern. Dagegen tragen die Schönheiten die prachtvollsten Gewänder und kostbarsten Tücher zur Schau. Trotz einer Sanftheit der Gesichtszüge zeigen sie ein stolzes, selbstsicheres Standesbewusstsein.

3 Zitiert nach WV Schuchardt 1851–1871, Bd. 1, S. 33.

1504 wurde Cranach d. Ä. zum Hofmaler Friedrichs des Weisen ernannt. Er beerbte damit die Stelle des vielgereisten und erfolgreichen Italieners Jacopo de' Barbari (1440–1516). Dessen Gehalt von 40 Gulden wurde auf 100 Gulden angehoben, ein Zeichen für die Wertschätzung des Nachfolgers. Der rasch einsetzende Erfolg schlug sich in einem Wappenbrief von 1508 nieder: Von nun an zierte eine mit Fledermausflügeln, einer Krone und einem Rubinring versehene Schlange (Abb. 8) die Produktionen des Ateliers, eine humanistische Bildschöpfung der Zeit: So ist die geflügelte Schlange ein Begleiter des Gottes Merkur, dem innerhalb der Gruppe der vier Planetenkinder die Berufsgruppen der Musiker, Maler und Bildhauer zugewiesen wurden. Im selben Jahr hielt Scheurl die erste akademische Lobrede auf Cranach. Ein Jahr später reiste Cranach mit dem Landesherrn zum Kaiser nach Mecheln, wo das oben erwähnte Jugendbildnis entstand. Mit dem gesellschaftlichen Erfolg schulte der hochbegabte Maler seine Fertigkeiten und Intuitionen als fähiger Geschäftsmann und Netzwerker, der zudem in einem Umfeld agierte, das mit der Wittenberger Reformation als Schmelztiegel der europäischen Geschichte bezeichnet werden kann.

Cranach d. Ä. verstand, die Gunst der Zeit zu nutzen. Sein Emporkommen verlief rasant. 1512/13 heiratete er Barbara (1477–1541), Tochter des Gothaer Ratsherrn Jodocus Brengbier, und sicherte seinen sozialen Aufstieg. Es kamen die Söhne Hans (1513/14–1537) und Lucas (1515–1586) sowie die Töchter Anna, Ursula und Barbara zur Welt, die später wohlhabend und standesgemäß verheiratet wurden. Obgleich Cranach wohl einst ohne nennenswertes Vermögen nach Wittenberg zog, erwarb er bereits 1507 ein erstes kleines Haus, dem drei Jahre später ein repräsentatives Gebäude am Wittenberger Markt

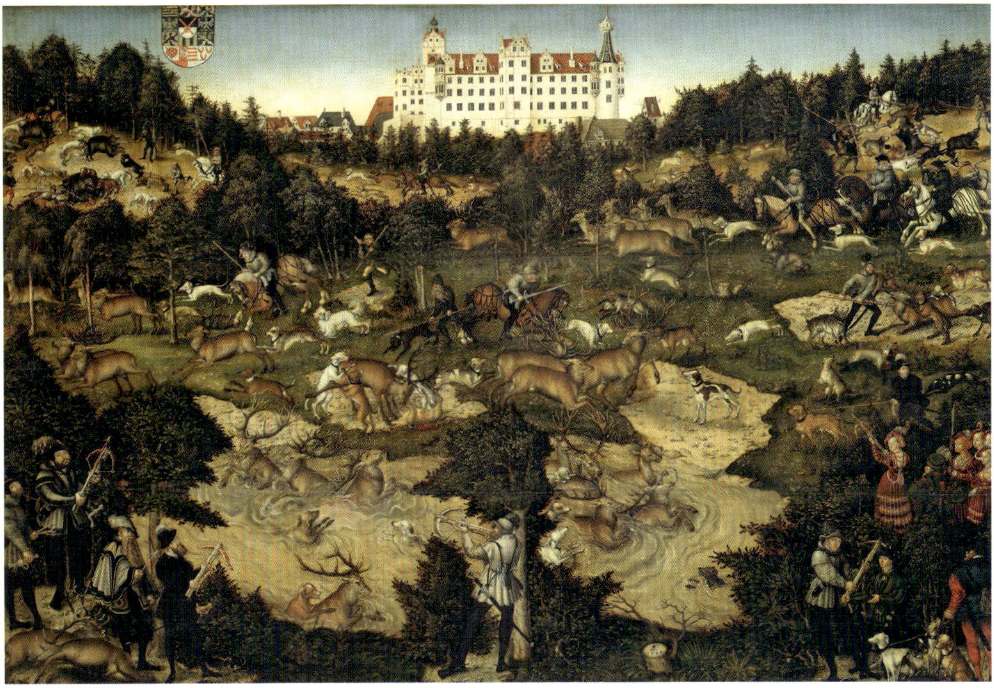

6 Lucas Cranach d. Ä., Jagd zu Ehren Karls V. auf Schloss Torgau, 1544, Öl auf Holz, 114 × 175 cm, Madrid, Museo Nacional del Prado

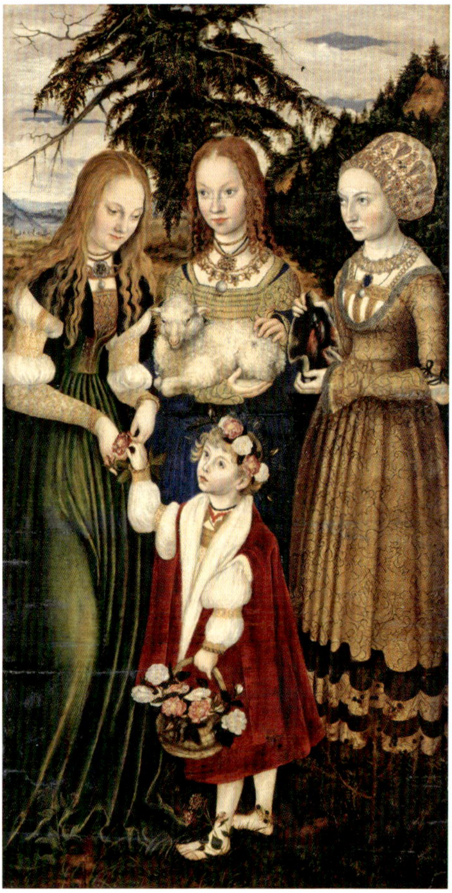

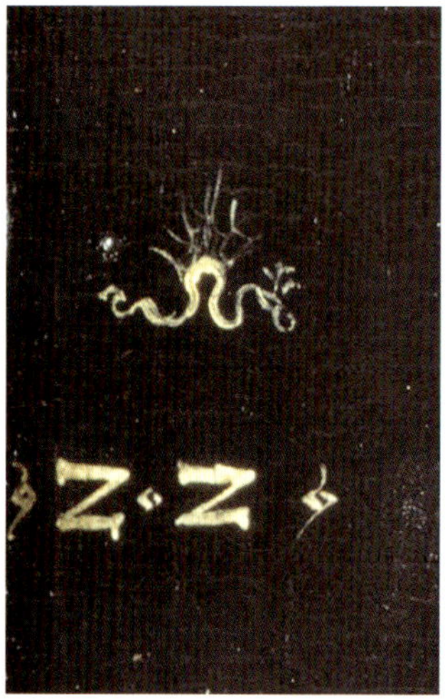

8 Das Wappen der Cranachs von 1508 bis 1537: eine Schlange mit Fledermausflügeln, einer Krone und einem Rubinring im Maul, Detail aus Kat. 3

7 Lucas Cranach d. Ä., Katharinenaltar, linker Flügel mit den Heiligen Dorothea, Agnes und Kunigunde, 1506, Öl auf Lindenholz, 121,4 × 64 cm, Staatliche Kunstsammlungen Dresden, Gemäldegalerie Alte Meister

folgte, das er abreißen und entsprechend seinen Bedürfnissen neu errichten ließ. Hier war von nun an die Werkstatt untergebracht. Die Cranachs erweiterten ihren Immobilienbesitz systematisch durch den Ankauf der Nachbargrundstücke Markt 3 und Markt 4, später durch weitere Häuser und Ländereien. In einem Gebäude war eine Apotheke untergebracht, deren Privileg mit dem Kauf auf die Cranachs überging. Eine Buch- und eine Papierhandlung ergänzten das Eigentum, so dass die Familie auch diese mit ihrem Malereigewerbe eng verwandten Bereiche in der Residenzstadt monopolisierte.

An der Etablierung des einträglichen druckgraphischen Gewerbes durch die Cranachs war der Reformator Martin Luther maßgeblich beteiligt. Im Jahr 1517 schlug er die berühmten 95 Thesen an die Tür der Wittenberger Schlosskirche. Auf dem Augsburger Reichstag verteidigte der Theologe 1518 seine Haltung, um nun zu einer der prominentesten Personen im Reich zu werden. Zu diesem Zeitpunkt kannten sich die beiden Bewohner Wittenbergs bereits. Auf Luthers Initiative siedelte der Leipziger Drucker Melchior Lotter d. J. (1490–1544) nach Wittenberg über und führte im Reisegepäck die Typen des Basler Hauses Froben mit sich, die erstklassige Druckerzeugnisse garantierten.[4] Neben

4 Zum Basler Druckhaus Froben und seiner Bedeutung für den Buchdruck im 16. Jahrhundert siehe Ausst.-Kat. Basel 1960.

5 Zitiert nach WV Schuchardt 1851–1871, Bd. 1, S. 33.

Cranach finanzierte der Goldschmied Christian Döring (gest. 1533) die Druckerei. Im Cranach'schen Haus in der Schlosstraße 1 erschienen so wichtige Publikationen wie die Bibelübersetzungen Luthers. Und auch die Malerwerkstatt reagierte seismographisch auf die religiösen Veränderungen, indem sie ihr Formenvokabular nicht nur modifizierte, sondern weiterentwickelte und mit einer neuen Bildsprache experimentierte, um auf die drängenden theologischen Fragen und Ansprüche zu antworten. Die Porträtmalerei mit den Darstellungen der Protagonisten der Reformation gewann an Bedeutung. Die Cranachs wurden die reichsten Bürger der Stadt Wittenberg. Von 1519 bis 1549 bekleidete Cranach außerdem das Amt des Ratsherren, dreimal das des Kämmerers und dreimal das des Bürgermeisters.

Die politischen und religiösen Geschehnisse ereigneten sich in einer rasanten Geschwindigkeit und stellten die Bildproduktion vor große Herausforderungen. Aufgrund der steigenden Nachfrage konzentrierte sich der Patriarch des Hauses zusehends auf die konzeptionellen Entwürfe, neben seinen anderen zahlreichen Tätigkeiten für Hof und Stadt. Er zeichnete beispielsweise sogenannte Visierungen (Abb. 9), also Planskizzen für Gemälde und Altäre, die in der Werkstatt von den angestellten Malern ausgeführt wurden. Aus dieser Arbeitsteilung entstand ein Künstlerunternehmen, das viele Ähnlichkeiten mit den heutigen, global agierenden Künstlerstudios besitzt. Wichtiger als die individuelle und einmalige Handschrift war ein unverwechselbarer Stil, den alle Mitarbeiter adaptierten bzw. übernehmen mussten. Die künstlerische Wiedererkennung war in der Kombination mit dem Signet eindeutig den Cranachs zuzuordnen. So ist verständlich, wenn die zeitgenössischen Historiographen sowohl die malerischen Qualitäten als auch die Tugendhaftigkeit des Werkstattleiters betonten. Scheurl lobte, Cranach sei »freundlich, gesprächig, freigebig, leutselig und gefällig« gewesen.[5] Ein ähnliches Urteil wurde analog über die Tafeln gefällt.

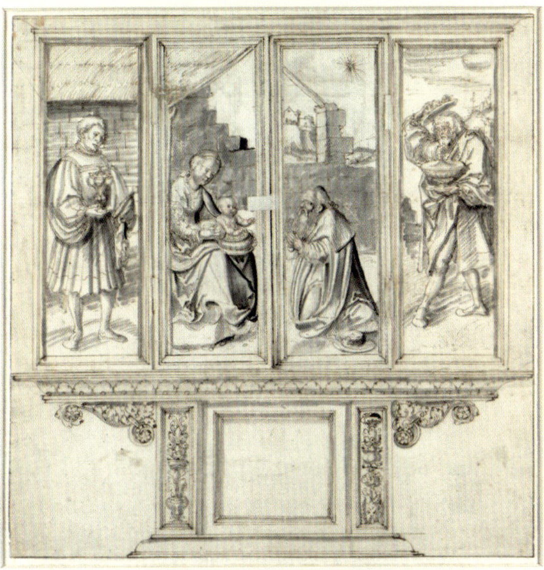

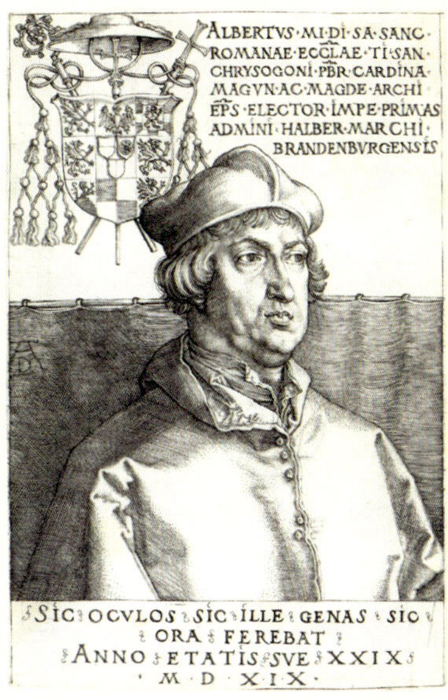

9 Lucas Cranach d. Ä., Entwurf für Kardinal Albrecht von Brandenburg zu einem Flügelaltar, 1515/20, Feder mit Eisengallustinte, grau und gelblichbraun laviert, 250 × 253 mm, Klassik Stiftung Weimar
10 Albrecht Dürer, Bildnis Albrecht von Brandenburg, 1519, Kupferstich, 16 × 11 cm, Staatliche Kunsthalle Karlsruhe

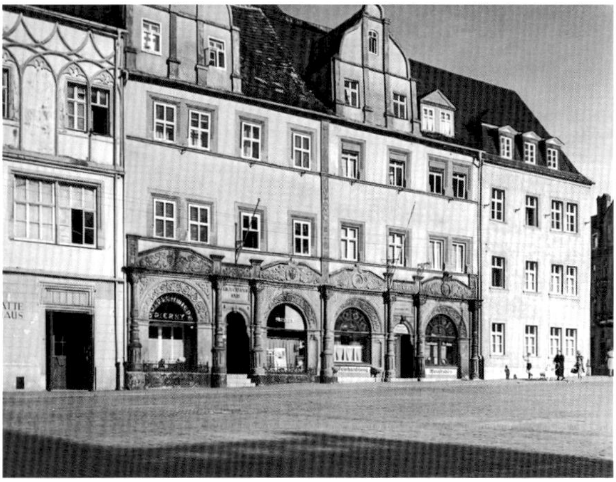

11 Cranachs Haus am Markt in Weimar

Die Anpassungsfähigkeit der Werkstatt an ihre Auftraggeber und ihre breite Akzeptanz trugen Bestellungen auch aus fernen Regionen ein. Daher gelang es den Cranachs, sich den wohl wichtigsten Großauftrag ausgerechnet auf katholischem Gebiet zu sichern. Albrecht von Brandenburg (1490–1545; Abb. 10) residierte in der Moritzburg in Halle an der Saale und ließ hier eine Stiftskirche errichten, in der er Reliquien aus der ganzen Welt hortete und verwahrte. Für dieses Kirchengebäude sollten die Cranachs insgesamt 156 Tafeln fertigen – eine einmalige Leistungsschau der Werkstatt. Dass man in Halle die Cranachs favorisierte, lag insofern nahe, als sie bereits 1509 für den Wittenberger Reliquienschatz Friedrichs des Weisen arbeiteten. Nun sollte sich Vergleichbares in Halle ereignen.

Welche Hindernisse es im 16. Jahrhundert barg, ein international agierendes Handelshaus zu gründen, verdeutlicht gerade die Biographie des ältesten Sohnes Hans.[6] Nach der Malerlehre und einem Jurastudium wurde er für die vertiefende Ausbildung und vermutlich um die italienische Kunst näher kennenzulernen, an die renommierte juristische Fakultät nach Bologna geschickt.[7] Doch kaum dort angekommen, zerschlugen sich die Hoffnungen der Familie. Hans starb 1537 überraschend aufgrund des ungewohnten südeuropäischen Klimas. In Wittenberg machte sich die Familie schwerste Vorwürfe. Der Theologe Martin Luther spendete den an Selbstzweifeln leidenden Eltern geistigen und religiösen Trost.

1541 starb Cranachs Frau Barbara und 1548 verlor der protestantische Kurfürst Johann Friedrich I. (1503–1554) die Schlacht bei Mühlberg gegen die kaiserlich-katholischen Truppen. Der Kurfürst musste seinen Verzicht auf die Kurwürde erklären und wurde als Gefangener zunächst in die Niederlande gebracht, dann nach Köln, Augsburg und Innsbruck. Schließlich durfte er sich mit seinem Hof in Weimar niederlassen. Durch die engen Verbindungen der Cranachs mit dem Landesherrn wirkte die missliche politische Lage des ernestinischen Landes auch auf ihre Existenz. Mit einem Darlehen von 5 000 Gulden versuchte Cranach, die schlimmsten Nöte des Landesherrn zu mildern, auch wenn zu befürchten stand, dass er das Geld nicht mehr zurückerhielt. Wollte er die Einkünfte eines Hofmalers weiterhin beziehen, hatte er außerdem dem Hof zu folgen. Aus diesem Grund übersiedelte Cranach nach Weimar (Abb. 11), wenngleich das Geschäft und die Werkstatt in Wittenberg verblieben – ein ausdrückliches Zeichen für die erfolgreichen Strategien

6 Hinz 20014a; Heydenreich 2015.

7 Hans Cranach lassen sich aufgrund von Signaturen heute nur zwei Gemälde in der Sammlung Thyssen-Bornemisza zuweisen. Heydenreich 2015, S. 119, Abb. 1 und S. 120, Abb. 2.

8 Zu Lucas Cranach d. J. sind in den letzten Jahren eine Reihe maßgeblicher Publikationen erscheinen. Siehe Hinz 2014c, Ausst.-Kat. Wittenberg 2015 und Werner/Eusterschulte/Heydenreich 2015 (mit weiterer Literatur).

der in diversen Bereichen tätigen Familie, die mit dieser Vielseitigkeit ihren Lebensunterhalt in Zeiten politischer Wirren absicherte. Cranach d. Ä. starb am 16. Oktober 1553 in Weimar. Sein Selbstbildnis (Abb. 3) aus dem Jahr 1550, das sich heute in den Uffizien von Florenz befindet, ist ein respekteinflößendes Männerporträt. Es zeigt einen ernsten, selbstbewussten Menschen, einen Malerfürsten, dessen wache, aufmerksame Augen auch um die Unwägbarkeiten eines langen Lebens wissen.

LUCAS CRANACH D. J.

Lucas Cranach d. J. wurde am 4. Oktober 1515 als zweites Kind von Lucas Cranach d. Ä. und seiner Frau Barbara in ihrem Domizil am Wittenberger Marktplatz geboren.[8] Er hatte insgesamt vier Geschwister. Durch den überraschenden Tod des erstgeborenen Bruders Hans während dessen Studienaufenthalts in Bologna 1537 fiel ihm fortan die Aufgabe zu, die Leitung der Malerwerkstatt zu übernehmen. Bereits seit dem Ende der 1520er Jahre dürfte er im Atelier mitgearbeitet haben (Abb. 12). Cranach d. J. erhielt die übliche Ausbildung, war zunächst Geselle und ab 1536/37 Meister, wie aus erhaltenen Gehaltslisten zu schließen ist, die während der Ausgestaltung des Torgauer Schlosses erstellt wurden. 1537 erfuhr auch das Cranach'sche Wappen eine Veränderung. Von nun an zierten den Schlangenkörper nicht mehr die aufgestellten Fledermausflügel, sondern anliegende Vogelflügel (Abb. 13). Die Gründe für die Modifikation des Signums liegen möglicherweise in der Reorganisation der Werkstatt, an deren Erfolg nun maßgeblich die beiden Söhne beteiligt waren.

Als die Mutter Barbara 1541 starb, war Cranach d. J. gerade 25 Jahre alt. Kurze Zeit später, am 20. Februar desselben Jahres, ehelichte er Barbara (1518–1550), die Tochter des angesehenen kurfürstlichen Kanzlers Gregor Brück (1483–1557). Die zeitliche Abfolge der

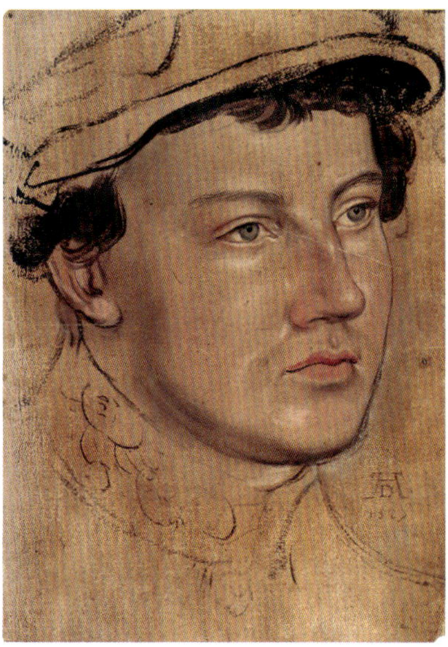

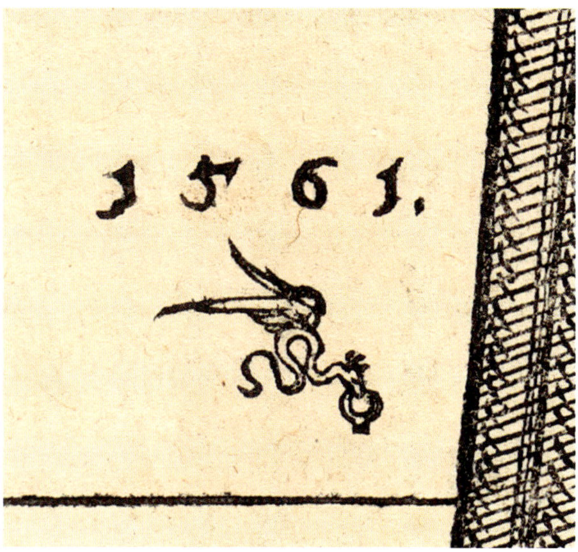

12 Lucas Cranach d. J., Bildnis eines Mannes mit Mütze, Öl auf Papier, braun laviert, Zeichenpinsel, 285 × 205 mm, Paris, Musée du Louvre

13 Das Cranach'sche Wappen ab 1537: eine Schlange mit »liegenden« Vogelflügeln, Detail aus Kat. 30

Ereignisse legt nahe, dass das Cranach'sche Stammhaus mit dem Tod der Mutter zugleich die maßgebliche Verantwortliche für den umfangreichen Haushalt verloren hatte und nun durch die Ehe des Sohnes ein Ersatz geschaffen wurde, um die wirtschaftlichen Belange des ausgreifenden Betriebes zu wahren. Die familiären Verbindungen zum kurfürstlichen Kanzler wurden intensiv gepflegt, bestand doch damit einmal mehr eine direkte Einflussmöglichkeit auf den ernestinischen Hof. Diese familiären Beziehungen festigten die Cranachs mit einer weiteren Ehe. Cranachs Schwester Barbara ehelichte um 1543 den Sohn des Kanzlers, Christian Brück (1516–1567).

In das Hochzeitsjahr 1541 fiel auch die Geburt des ersten Sohnes von Cranach d. J. und seiner Frau Barbara, der entsprechend der Familientradition ebenfalls den Namen Lucas (1541–1612) erhielt. Drei weitere Kinder sollten aus dieser Ehe hervorgehen. Lucas erhielt zusammen mit dem zweiten Sohn Christian (gest. 1556) eine erstklassige Ausbildung an der Wittenberger Universität.

Die Schlacht bei Mühlberg 1547 und die Niederlage des protestantischen Schmalkaldischen Bundes gegen den Kaiser und seine Verbündeten besaß, wie bereits erwähnt, auch gravierende Folgen für die Cranachs. Nachdem Johann Friedrich die Kurwürde aberkannt wurde, verlor die bis dahin aufstrebende Stadt Wittenberg ihren Status als Residenz eines der einflussreichsten Fürstenhäuser im mitteldeutschen Raum. Johann Friedrich befahl seinem Hofmaler Cranach d. Ä., ihn in die Verbannung zu begleiten, was dieser im Sommer 1550 auch tat. Damit war es dem erfolgreichen Gründer der Wittenberger Malerschule nicht mehr möglich, persönlich die Geschicke des Unternehmens zu lenken. Von nun an übernahm Cranach d. J. diese Aufgabe. Doch das ereignisreiche Jahr 1550 brachte weitere Erschütterungen. In Wittenberg wütete zum wiederholten Mal die Pest und die Frau Cranachs d. J. fiel ihr am 10. Februar im Alter von nur 32 Jahren zum Opfer. Der Witwer stand nun, ohne familiäre Unterstützung, allein der großen Werkstatt vor. Auch hatte die Stadt mit der Gefangenschaft des Fürsten viel von ihrer einstigen Bedeutung eingebüßt. Die Abwesenheit eines Landesherrn bedeutete zugleich, dass der neue Vorsteher der Werkstatt keinen Hofmalertitel erringen konnte, so dass die Cranachs von nun an allein auf ihre ökonomischen Fähigkeiten gestellt waren. Die Apotheke war an Caspar Pfreundt (1517–1574) gegangen, der Cranachs Schwester Anna ebenfalls 1550 heiratete. Um den geschwächten Hausstand wieder zu konsolidieren, verband sich Cranach in zweiter Ehe mit der jungen Magdalena Schurff (1531–1606), Tochter eines angesehenen Medizinprofessors.

Wie bereits sein Vater bemühte sich auch der Sohn um den Erwerb von Immobilien und Grundstücken. Er kaufte 1550 einen Garten, 1554 eine Bude in der Pfaffengasse, 1556 einen Bauernhof sowie 1558 ein kleines Haus am Wall. Später sollte noch das verschuldete Rittergut Wachsdorf hinzukommen, das ab 1545 zeitweise im Besitz von Katharina Luther (1499–1552) war. Nicht nur die Cranachs waren durch den Tod Barbaras von der Pest unmittelbar betroffen, sondern auch unzählige andere Einwohner Wittenbergs. Die Stadt unternahm daher den Versuch, die Qualität des Frischwassers zu verbessern. Sieben wohlhabende Familien, darunter auch die Cranachs, ließen Brunnen reparieren oder gar neu anlegen.

Erst ab 1550, mit der Übernahme der Geschäfte durch den Sohn, lassen sich Werke Cranach d. J. namentlich zuweisen, denn die bis dahin entstandenen Gemälde und Tafeln

9 Maaz 2010, S. 86, Abb. S. 86–89.

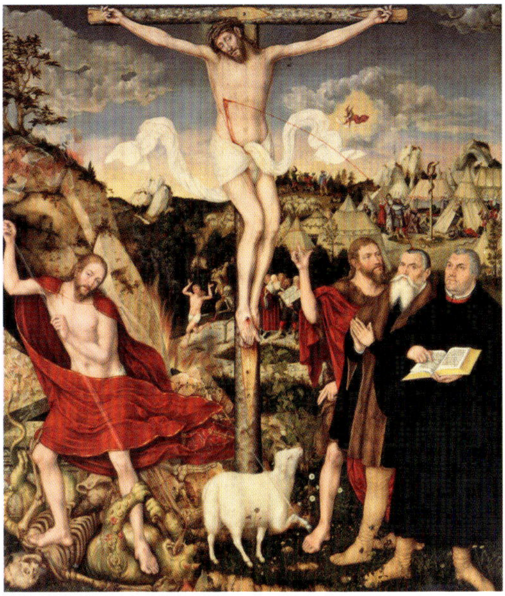

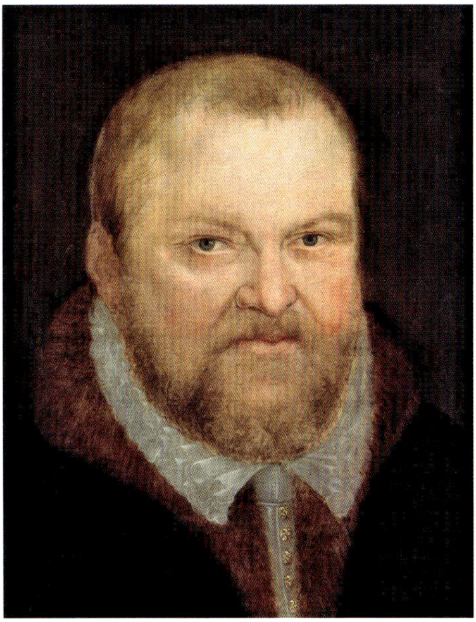

14 Lucas Cranach d. J., Die Erlösung, 1555, Öl auf Holz, Weimar, Stadtkirche St. Peter und Paul
15 Lucas Cranach d. J., Bildnis Kurfürst August von Sachsen, um 1564, Öl auf Papier auf Pappe auf Fichtenholz, 40,5 × 32,5 cm, Staatliche Kunstsammlungen Dresden, Gemäldegalerie Alte Meister

ordnen sich bruchlos in die umfassende Werkstattproduktion ein. Zu den ersten gesicherten Arbeiten gehört »Herkules bei den Pygmäen«, die er 1551 für das Dresdner Schloss malte.[9] Für die neue Residenz des ernestinischen Fürstenhauses in Weimar fertigt er vier Jahre später ein großes Altarwerk (Abb. 14), das gleichzeitig sein Hauptwerk ist. Auf diesem sind neben biblischen Personen zeitgenössische Akteure wie Martin Luther oder sein Vater dargestellt.

Mit dem Machtverlust der Ernestiner musste sich die in Wittenberg verbliebene Werkstatt nach einem alternativen und mächtigen Förderer umsehen. Cranach konzentrierte sich von nun an besonders auf den unangefochtenen Herrschaftssitz der Region, den kurfürstlichen Hof des Moritz von Sachsen (1521–1553) in Dresden. Auch stellten nun nicht mehr die Altäre den größten Anteil der Produktion, vielmehr erlebten die Bildnisepitaphe eine enorme Nachfrage. Zu sehen ist meist eine Szene aus dem Leben Christi, der im Vordergrund das Porträt des Stifters oder der Stifterfamilie beigegeben wird. Stilistisch sind jedoch kaum Veränderungen festzustellen. Cranach orientierte sich weiterhin an der Malweise der Werkstatt in den turbulenten Reformationsjahren: Seine Produktion unterscheidet sich formal nicht von der seines Vaters. Wie dieser übernahm auch der Sohn zeitweise einfachste Malerarbeiten. So wurden 1555/56 die Gitter, Fensterrahmen und Vergoldungen am Rathaus erneuert. Auch bei der Wiederherstellung der Turmhelme der Stadtkirche von 1556 bis 1558 war die Werkstatt beteiligt.

Mit seiner zweiten Frau Magdalena bekam Cranach fünf Kinder, von denen zwei frühzeitig verstarben, so dass nur Augustin (1554–1595), Christoph (um 1558–1596) und Elisabeth (1561–1645) namentlich benannt werden können. Wie sein Vater war ebenfalls der Sohn ein erfolgreiches Mitglied des Wittenberger Rats. Erstmals 1549 gewählt, diente er vier Jahre lang als Kämmerer, 1565 und 1566 amtete er als Bürgermeister. Die

Ausrichtung auf die regionale Macht in Dresden brachte es mit sich, dass August von Sachsen (1526–1586; Abb.15) nicht nur zahlreich Werke für seinen Hof beauftragte, sondern den Cranachs weitere wichtige Kunden wie den Kurfürsten von Brandenburg vermittelte. Der Erfolg zeigt sich auch daran, dass Cranach d. J. ab 1565 zum Landessteuereinnehmer im Kurkreis Wittenberg berufen wurde, womit er ein hochangesehenes Amt bekleidete.

Welche erschütternden Auswirkungen die religiösen und politischen Wirren für die Familie mit sich brachten, zeigt der sogenannte Grumbach'sche Handel[10] mustergültig: Der Ritter Wilhelm von Grumbach (1503–1567) versuchte gemeinsam mit Christian Brück, dem Schwager Cranachs d. J., die verlorene Kurwürde seines ernestinischen Landesherrn wiederherzustellen – ein Versuch mit verheerenden Folgen. Der Dresdner Kurfürst ahndete diese Bestrebungen 1567 mit der Hinrichtung des Ritters. Christan Brück wurde gevierteilt und alle seine Besitztümer eingezogen. In höchster Not und mit größter Anstrengung gelang es Cranach, die Mitgift seiner Schwester Barbara vor der Beschlagnahmung zu retten, die mit 47 Jahren zur Witwe und ihre Kinder zu Halbwaisen wurden.

Cranachs finanzielle Ressourcen waren in erster Linie die Einnahmen aus der Werkstatt. Er betrieb darüber hinaus einen Weinausschank, der ihm jedoch 1567 durch die Stadt streitig gemacht wurde, bis der Kurfürst endlich das Privileg erneuerte. Auch verliefen die wirtschaftlichen Aktivitäten der Cranachs nicht ohne Unstimmigkeiten. So soll der Maler gemeinsam mit dem Bürgermeister Gregor Martheiss Steuern hinterzogen haben. Doch im Gegensatz dazu gewährte die Familie Kredite an Bürger der Stadt oder setzte sich als Vormund für Witwen und Waisen ein. Ein bislang wenig erforschtes Kapitel der ökonomischen Betätigung der Familie betrifft den Zinnbergbau im Erzgebirge. 1571 kaufte Cranach d. J. von dem ehemaligen Ratskollegen Thomas Heiliger Anteile an einem Bergwerk im erzgebirgischen Annaberg-Buchholz.

Cranach d. J. starb am 25. Januar 1586 im Alter von 70 Jahren in Wittenberg. Sein Sohn Augustin Cranach (1554–1595) übernahm die Werkstatt und alle damit in Zusammenhang stehenden Geschäfte.

DIE WERKSTATT

Die Werkstatt der Cranachs war ein beachtliches Unternehmen. Hier arbeiteten Lehrlinge, Gesellen und Farbenreiber.[11] Das arbeitsteilig organisierte Atelier bildete die Voraussetzung für reibungslose Abläufe. Neben den zahlreichen Aufträgen für fürstliche Kunden wurden hier Altarwerke geschaffen, reformatorische Ikonographien entwickelt oder Porträts gefertigt. Doch die Werkstatt war nicht nur für diese Tätigkeiten zuständig. Der Hofmaler Cranach d. Ä. hatte sich mit seinen Mitarbeitern auch um die Ausmalungen der Schlösser und Jagdsitze zu kümmern. In der Werkstatt wurden ebenso Jagdstücke, Wappen, Renndecken hergestellt oder Möbel farblich gestaltet. Außerdem waren die Cranachs federführend für die Anfertigung von Hofgewändern und die Ausrichtung von Festen aller Art zuständig. Die Gesellen strichen Zäune und Wände oder fassten Kutschen und Schlitten.

10 Lücke 2015a.

11 Zum Folgenden siehe besonders Poppe 2014, Heydenreich/Görres/Herrschaft 2015 und Lücke 2015b.

12 Lücke 2015b.

13 Lisch 1856; Neumann 2009, S. 99.

14 Schade 1974, S. 444, Nr. 403; Ausst.-Kat. Güstrow 1999a, S. 81, Kat. 32.

15 Neumann 2009, S. 280–282, Kat. G 14a–c.

So hielt sich Cranach d. Ä. 1513 zusammen mit zehn Gesellen zur Vermählungsfeier von Herzog Johann (1468–1532) mit Margarete von Anhalt (1494–1521) sieben Wochen lang in Torgau auf, die beteiligten Farbenreiber und Lehrlinge nicht eingerechnet. Die Gesamtdekoration der Festlichkeiten oblag der Werkstatt. Ebenso waren die Gesellen 1522 damit beschäftigt, die Orgel in der Wittenberger Schlosskirche zu bemalen. In der Zeit um 1530 war das motivische Repertoire der Werkstatt im Grunde komplettiert und wurde von nun an in Modifikationen und Varianten wiederholt.

Für Albrecht von Brandenburg sollte Cranach d. Ä. die Stiftskirche in Halle mit 156 Tafeln versehen. Dafür fertigte der Meister Zeichnungen (Abb. 9), nach denen die Mitarbeiter die Tafeln realisierten. Die Namen der angestellten Maler sind heute nicht mehr bekannt, aufgrund stilistischer Eigentümlichkeiten wurden gemäß dem Sujet der Altäre Notnamen vergeben. So versuchte man etwa ein Dutzend Gehilfen der Werkstatt näher zu bestimmen. Sie tragen Namen wie »Pseudo-Grünewald«, der »Meister der Gregorsmesse« oder »Meister der Erasmustafel«. Als in den Jahren von 1536 bis 1540 der neue Schlossflügel in Torgau ausgemalt wurde, waren sechs Mitarbeiter beteiligt. Auch hier liegt die Zahl der Lehrlinge im Dunkeln. Es ist zu vermuten, dass die Werkstatt in Arbeitsgruppen organisiert war, um die umfassenden Aufgaben zu bewältigen.

Nur in seltenen Ausnahmen ließen sich die Namen der Lehrlinge und Schüler feststellen. Einige wenige schriftliche Quellen haben sich diesbezüglich in den Archiven erhalten, wenn Auftraggeber wie Fürsten oder Herzöge ihre Malerlehrlinge zur Ausbildung nach Wittenberg schickten und das Lehrgeld übernahmen. Die Korrespondenz dokumentiert die für die Maler verwandten Gelder. So schrieb Herzog Albrecht von Preußen (1490–1568) am 24. Januar 1552 an Cranach d. Ä. wegen des Sohnes seines verstorbenen Trompeters Veith Königswieser, der in Wittenberg eine Ausbildung zum Porträtisten erhalten sollte.[12] Der Junge absolvierte eine dreijährige Lehrzeit, die den Landesherrn 100 Gulden kostete. Im Gegenzug wurde der Herzog durch Probestücke über den Fortgang unterrichtet. Ein anderer Schüler der Wittenberger Werkstatt war Ehrhard Gaulrapp (gest. 1581), den Herzog Johann Albrecht I. von Mecklenburg (1525–1576) nach Wittenberg schickte.[13] Er hatte bereits 1550 bei Cranach d. J. für den Umbau des Fürstenhofes in Wismar einen reformatorischen Bilderzyklus bestellt.[14] Weiterhin wurde in Wittenberg 1552 die *Mecklenburgische Kirchenordnung* gedruckt, für die Cranach das Wappen entwarf.[15] Für Gaulrapp zahlte der Herzog nach wiederholtem Mahnen Cranachs bis 1568 insgesamt 155 Taler. Ein anderer Schüler Cranachs war Zacharias Wehme (1558–1606), den der Kurfürst August von Sachsen im Februar 1571 empfahl. Dessen Vater verdingte sich vormals als Büchsenmacher am sächsischen Hof. Da Zacharias nach Einschätzung des Kurfürsten begabt war, wollte er ihn in Wittenberg zum Maler ausbilden lassen. Wehme blieb knapp über zehn Jahre in Wittenberg. Der Kurfürst zahlte 300 Gulden Kostgeld.

Ein besonderer Fall stellt ein Entwurf für das Epitaph für Joachim von Anhalt (1509–1561) in Dessau dar, der von Cranach d. J. in einer raschen Skizze (siehe Kat. 1) festgehalten wurde. Im Schweriner Kupferstichkabinett hat sich eine zweite Zeichnung (siehe Kat. 2) des Epitaphs erhalten, die mit dem Monogramm »HK« versehen ist, wobei es sich vermutlich um Johann Kreuter handeln dürfte, der als Werkstattmitarbeiter im sächsischen Erzgebirge nachweisbar ist. Die zweite Zeichnung zeigt eine weitere Stufe der motivischen Ausarbeitung, die der Meister Kreuter überantwortet hatte – ein eindrückliches Beispiel für die Verschränkung von Entwurf und Ausarbeitung, die typisch für den Werkstattbetrieb der Cranachs in Wittenberg war.

CRANACHS LUTHER IM BILD

EIN HELD MIT ECKEN UND KANTEN

Edgar Bierende

Helden sind Vorbilder. Sie agieren gemeinhin entschlossen und setzen mit ihren beherzten Entscheidungen Maßstäbe. Ihre guten Taten verleihen ihnen Größe. Aus diesen Gründen verehren wir sie, richten uns nach ihnen aus und blicken zu ihnen auf. Sie geben uns Orientierung, Hoffnung und Halt.

Diese Topoi – speziell die Größe und das Hinaufblicken des Bewunderers – geben wichtige Kriterien vor, die für die Betrachtung einer spezifischen Gruppe von Luther-Porträts aus der Werkstatt Lucas Cranachs d. J. bedeutsam, ja für diese Motivgruppe konstitutiv sind. Das Schweriner Tafelbild (Abb. 1) aus dem Jahr 1546 – dem Todesjahr von Luther – zeigt selbigen stehend und in Lebensgröße.[1] Der Reformator ist als Ganzfigur[2] gegeben. Ihn umgibt eine Arkadennische, die einen definierten Ort anzeigt und ihm im Zusammenspiel mit dem Körperschatten eine skulpturale, dreidimensionale Qualität verleiht. Die zweigeteilte Inschrift auf Kopfhöhe »AETATIS SVAE LXIII« gibt sein Alter mit 63 Jahren an. Luther steht leicht nach links gewandt, die Füße schulterbreit und ihre Spitzen nach außen gedreht, auf einem marmorierten Steinboden.[3] Hierdurch erhält er optisch einen festen und sicheren Stand. Sein rechter Fuß ragt im Gegensatz zu seinem linken etwas vor, was an den Fugen der Steinplatten nachvollziehbar wird. Durch dieses Detail schiebt sich Luther gleichsam in den Betrachterraum, womit seine visuelle Präsenz und Lebendigkeit im Bild gesteigert wird. Ein langer, schwarzer Mantel, genannt Schaube, umfängt Luthers Körper und absorbiert das einfallende Licht. Auf diese Weise ist der Blick des Betrachters auf drei helle Bereiche des Gemäldes fokussiert: Füße, Hände und Kopf des Dargestellten. Und es lohnt eine besonders eingehende Betrachtung. In seinen Händen hält Luther ein Druckwerk, das er durch die angewinkelte Armhaltung dem Publikum auf Brusthöhe präsentiert. Sein Buch – das Alte Testament und das Evangelium, die er übersetzte und kommentierte – war ihm ein Leben lang ein Herzensanliegen. Luthers Kopf ist barhäuptig und nach links in Richtung der Lichtquelle gewandt, wie sein Schatten verrät. Sein Kinn ist leicht angehoben, so dass seine Augen etwas nach oben gerichtet erscheinen und wir folglich seine Nasenlöcher erkennen können. Auf diese Weise wird eine subtile Unteransicht erzeugt, die den Lebensgroßen in seiner wahrgenommenen Größe steigert, da wir zu ihm aufblicken, selbst wenn wir uns mit dem Dargestellten auf Augenhöhe befinden.[4] Größe ist hier also gerade nicht gleichbedeutend mit Körpergröße. Vielmehr sehen wir Luther als einen Mann, der in seiner physischen Statur mit uns vergleichbar ist und somit in der Norm verbleibt. Seine Körperhaltung suggeriert

1 Siehe Kat. 11. Werner 2015, S. 108.

2 Slenczka 2015a, S. 126. Leppin/Schneider-Ludorff 2014, S. 309–313 (Ikonographie Luthers). Zu den ersten Ganzfiguren in Holzschnitten seit 1546 siehe Kunz 2015, S. 82.

3 Steinimitationen bilden auf Gemälden der Cranach-Werkstatt die Ausnahme: Heydenreich 2015, S. 124.

4 Zur Perspektive und deren Bedeutung für den Nachruhm des Künstlers siehe Slenczka 2015b.

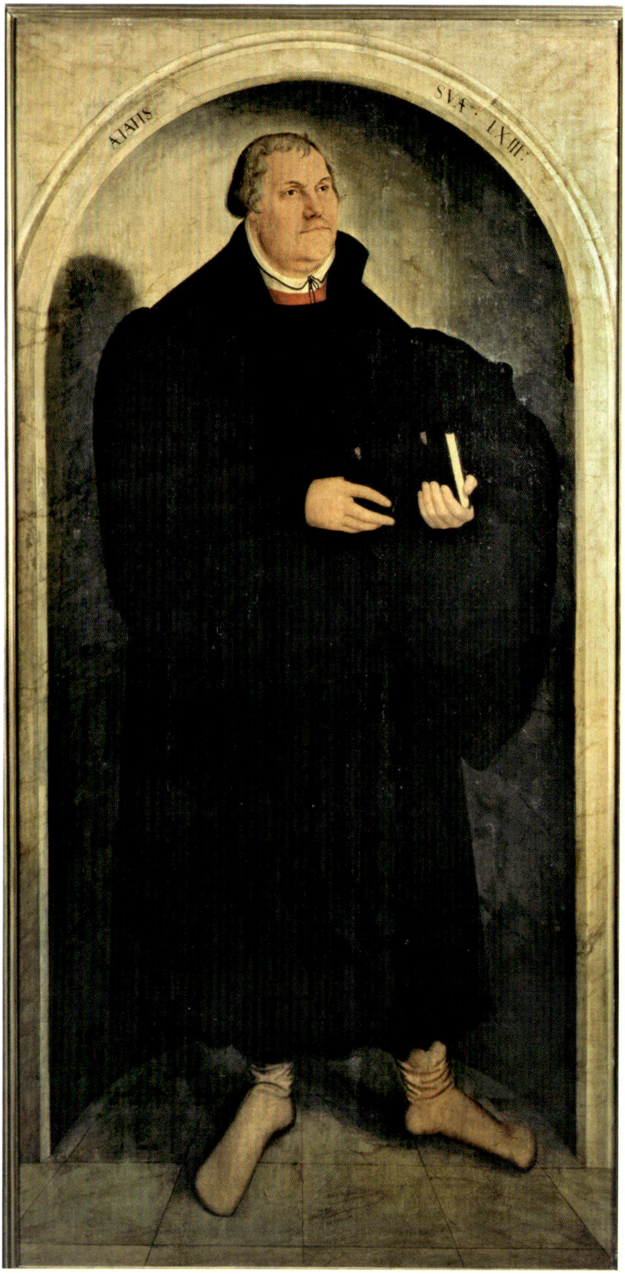

1 Lucas Cranach d. J., Bildnis Martin Luther, 1546, Öl auf Holz, 224 × 112 cm, Staatliches Museum Schwerin (siehe Kat. 11)

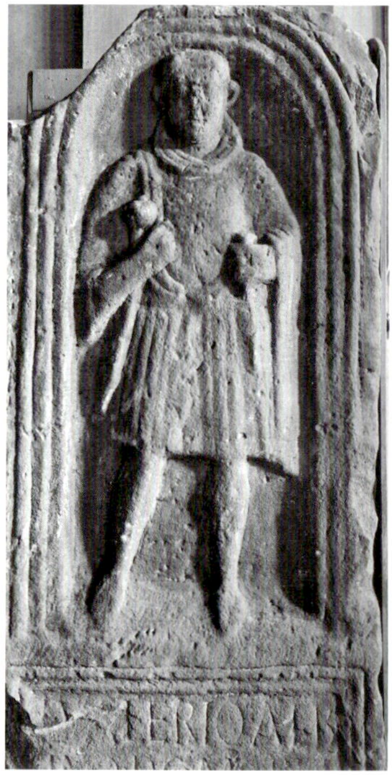

2 Unbekannter Meister, Römisches Grabmal eines Centurionen aus Offenburg, 500 v. Chr. / 395, Karlsruhe, Badisches Landesmuseum

eine innere Größe. Luthers moralische und sittliche Ansprüche sind maßstabsbildend und in ihrer Qualität überragend. Dies wird auf dreifache Art im Bild sichtbar: Seine Standhaftigkeit durch die Schrittstellung, seine Hinwendung zu Gott durch die Kopfhaltung und seine tatkräftige sowie soziale Wesensart, seine handfeste, ja zupackende Ausrichtung auf die Heilige Schrift stehen uns in ihrer Nachahmungswürdigkeit vor Augen. In diesem Bildaufbau wird Luther zum Helden und wir, die Betrachter, die zu ihm aufblicken und ihn verehren, zu seinen Anhängern.

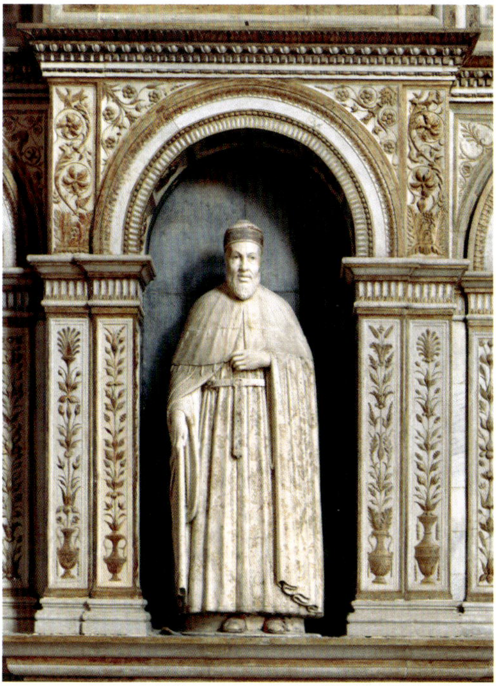

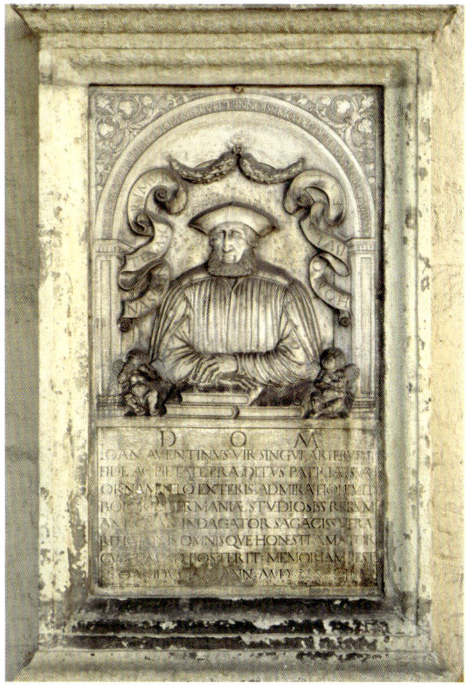

3 Antonio Rizzo, Grabmal des Dogen Nicolo Tron, um 1476–1480, Venedig, Santa Maria Gloriosa dei Frari
4 Unbekannter Meister, Grabstein für Johannes Turmair genannt Aventinus, 1534, Regensburg, St. Emmeram

Mit dem Bildtypus des Heroen[5] in der Bogennische, zu dem weitere Werke von ähnlicher Komposition im Medium des Riesenholzschnittes[6] und der Tafelmalerei[7] zählen, schuf Lucas Cranach d. J. – in Absetzung und Ergänzung zu seinem Vater Lucas Cranach d. Ä. – eine *inventio* (Erfindung) und ein erweitertes, neues Image für Martin Luther. Doch wo liegen die kunsthistorischen Traditionen dieses Bildtypus von Cranach d. J. begründet? Die Antwort ist bedeutsam, da sich in das Schweriner Luther-Bildnis unterschiedliche Vorbilder eingeschrieben haben, die mitgesehen werden müssen, um die ausgefeilte historische Bedeutung und künstlerische Bildfindung in ihrem gesamten Spektrum zu verstehen.

Zunächst zur Ganzfigur: Dieser Typus war im Mittelalter und in der Frühen Neuzeit den Herrschern und Regenten, den Fürsten und Königen vorbehalten. Daher finden sich im Œuvre von Lucas Cranach d. Ä. gemeinhin nur Bruststücke und Halbfiguren von Martin Luther, so dass der Standesunterschied zwischen Fürst und Theologe zu Lebzeiten des Reformators gewahrt blieb.

Beispiele für die »Figur in Arkadennische« finden sich als Würdeformel[8] unter anderem an Grabmälern, etwa bei römisch-antiken Grabsteinen (Abb. 2) oder für die Dogen

5 Zum Heroischen und Leonidenhaften in Luthers Physiognomik siehe Warnke 1984, S. 46–49.
6 Ausst.-Kat. Wittenberg 2015, S. 231–248.
7 Ebd., S. 362–363, Kat. 3/35. Im *Corpus Cranach: Verzeichnis der Gemälde* werden sechs ganzfigurige Lutherbildnisse gelistet: http://cranach.ub.uni-heidelberg.de/wiki/index.php/CorpusCranach:Martin_Luther (Zugriff am 4.2.2017).
8 Zur Würdeformel der Nische siehe Werner 2015, S. 108–109.

in Venedig (Abb. 3). Auch diesseits der Alpen existiert das Motiv in der Sepulkralkunst, einmal bei Humanistengräbern[9] – wobei hier die Gelehrten in der Regel nur als Halbfigur gezeigt sind (Abb. 4) –, in Graphiken zum Totengedenken (Abb. 5) und im Blatt mit dem Bildnis des Erasmus von Rotterdam (1469–1536; Abb. 6) – hier jedoch in Ganzfigur! – von der Hand Hans Holbeins d. J. (1497–1543) aus dem Jahr 1538/40, das ebenfalls erst posthum entstand. Dieser Überblick skizziert Herkunft, antiken Ursprung und Verbreitung des Typus »Figur in Arkadennische« im Kontext der Grabkunst und des Totengedenkens, so dass seine Bekanntheit, Importanz und sein Bedeutungsgehalt gerade in gelehrten und fürstlichen Kreisen vorausgesetzt werden kann. Daher verwundert es nicht, dass sich auch im sächsischen Herrschaftsbereich Denkmäler dieses Typus zum Totengedenken finden lassen. An erster Stelle ist die herausragende Bronzeplatte von Peter Vischer d. J. (1487–1528) für Friedrich den Weisen von Sachsen (Abb. 7) aus dem Jahr 1527 zu nennen. Dieses diente sicherlich als Vorbild für die Gestaltung weiterer Grabmäler, besonders für die Gräber derer, die dem ernestinischen Hof in Wittenberg nahestanden, beispielsweise die Steinplatte von Nikolaus Gromann (1500–1566) für Lucas Cranach d. Ä.[10] in Weimar (nach 1553; Abb. 8) sowie die für Gregor Brück (nach 1557) in Jena.

Diese Beispiele belegen den sepulkralen Bezug des Motivs »Figur in Arkadennische«. Luthers Bildnis in Ganzfigur wurde erstmals in Form einer Grabplatte von Lucas Cranach d. Ä. entworfen, wenn auch mit einer rechteckigen Rahmung, und erst danach von Lucas Cranach d. J. ins Medium des Tafelbildes überführt.[11] Eine zentrale Funktion dieser Werke ist das Totengedenken, die *memoria*, das aktive Erinnern der Taten und Worte

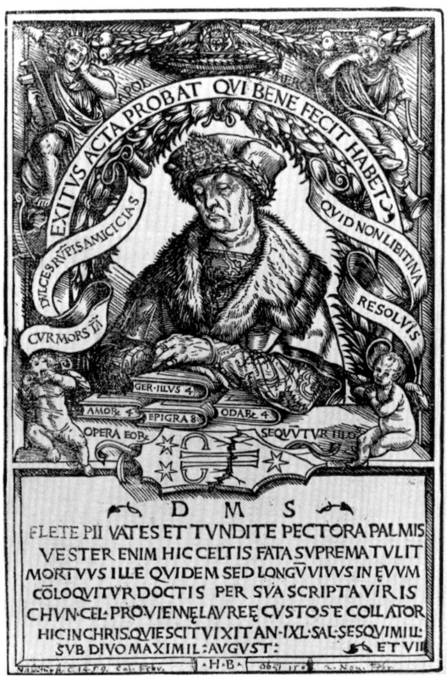

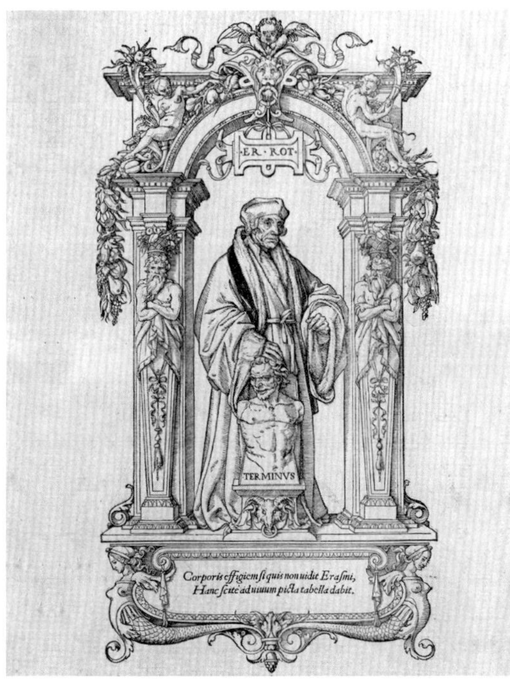

5 Hans Burgkmair, Sterbebild des Konrad Celtis, 1507, Holzschnitt, 221 × 144 mm, Staatliche Museen zu Berlin, Kupferstichkabinett

6 Hans Holbein d. J., Bildnis Erasmus von Rotterdam, um 1538/40, Holzschnitt, 286 × 148 mm, Staatliche Museen zu Berlin, Kupferstichkabinett

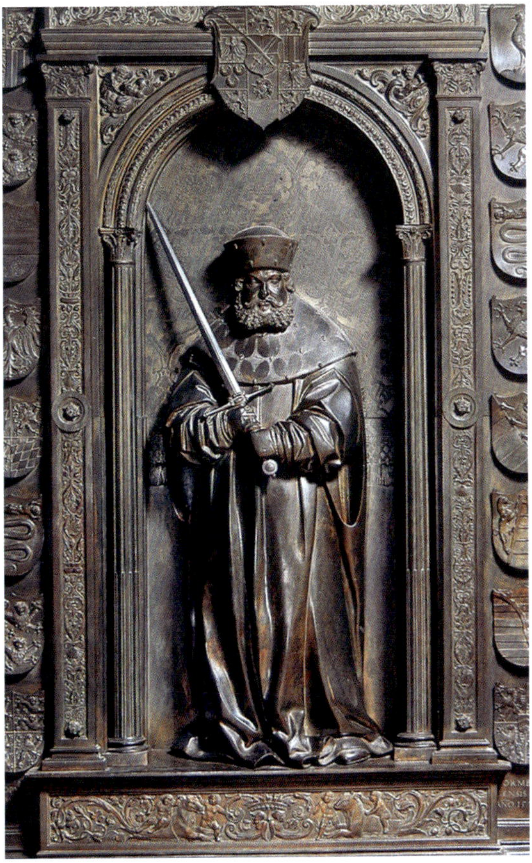

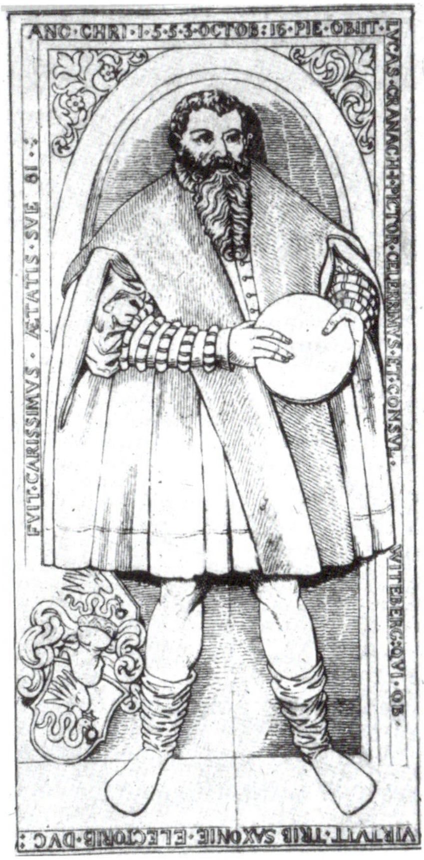

7 Peter Vischer d. J., Epitaph für Kurfürst Friedrich den Weisen, 1527, Bronze, Schlosskirche Wittenberg
8 Kupferstich der Grabplatte von Lucas Cranach d. Ä. aus *Die Vorzeit*, Erfurt 1817

des Verstorbenen. Eine solche *memoria* steht der christlichen Heiligenverehrung nahe, in der die Gläubigen neben dem reinen Gedenken auch die Totenverehrung, die *veneratio*, praktizierten. Martin Luther unterschied scharf zwischen *veneratio* und *adoratio*, zwischen Verehrung und Anbetung. Während er Erstere erlaubte, verurteilte er Letztere im Zusammenhang mit der in der päpstlichen Kirche ausgeübten, in seinen Augen abergläubischen Heiligenverehrung. Luther erkannte die *adoratio* allein bei Gott und Christus sowie dem Kreuzsymbol an.[12] Ausgehend von dieser kirchengeschichtlichen Position des Reformators darf gefolgert werden, dass Handlungen der *memoria* und *veneratio* durch protestantische Gläubige nach Luthers Ableben auch vor seinen Bildnissen vollzogen wurden.[13] Auf diese

9 Löcher 1995.
10 Winter 2015.
11 Slenczka 2015a, S. 126.
12 Von den vielen Publikationen zur Bildverehrung und zum Bildersturm sei hier auf Ausst.-Kat. Bern 2000 und Leppin/Schneider-Ludorff 2014, S. 113–114 verwiesen.
13 Als literarische Memorialform zur Verehrung der Toten etablierte sich in jener Zeit die Leichenpredigt.

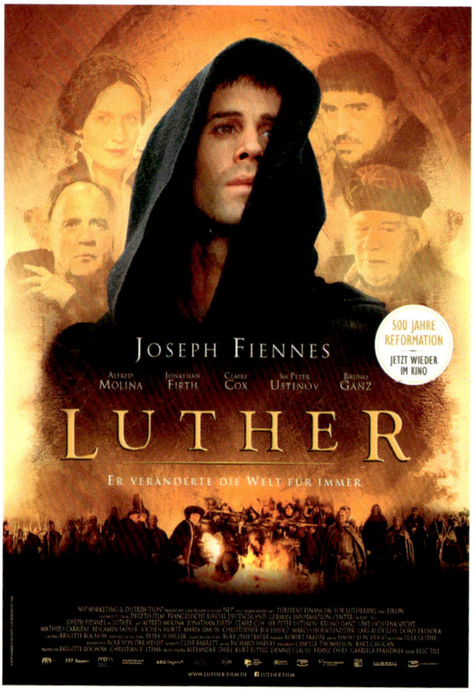

9 Rolf von der Heydt (Fotograf), Bechtold / Löffler (Entwurf), *Luther – Er veränderte die Welt für immer*, Kinoplakat zum Historienfilm von Eric Till (Regie), 2003

Weise wurde das mediale Weiterleben Luthers im Ganzfigurenporträt ermöglicht, wodurch er über seinen Tod hinaus als Garant für das Fortleben der Reformation stand.[14] Mit der Bildformel des Ganzfigurenbildnisses, das zuvor allein den Herrschern und Regenten vorbehalten war, übertrugen sich die Qualitäten eines Landesherren in Hinblick auf Autorität und Führung auf Luther: Dem Reformator wurde in Ergänzung zur geistigen Macht auch weltlichen Gewalt zugeschrieben, so dass er zum Gewährsmann des kirchlichen Regiments aufstieg.[15]

Unsere Erinnerungskultur zu Luther basiert bis heute auf der Ikonographie des 16. Jahrhunderts. Die Wirkmächtigkeit der Cranach'schen Luther-Bildnisse lässt sich leicht erkennen, wenn wir zeitgenössische Luther-Bilder betrachten. Die Stilisierung zum Helden, die mit Luthers Tod von Cranach d. J. und seiner Werkstatt initiiert wurde, soll anhand eines Beispiels in seinem Fortwirken beleuchtet werden. Das Kinoplakat zum Film *Luther* (Abb. 9) aus dem Jahr 2003[16] zeigt seine Person im Habit eines Mönchs als Bruststück. Auch in dieser Komposition blicken wir zu Luther wie zu einem Helden auf, da er in leichter Untersicht wiedergegeben wird. Luther ist von einem gotischen Spitzbogen gerahmt und wird zugleich von vier hell leuchtenden Gesichtern umfangen. Sie wirken zusammen wie eine heilige Aura, ikonographisch vergleichbar mit Nimben oder Engelaureole. Seine schwarze Mönchskapuze dominiert das dramatische Hell-Dunkel des Plakates. Es bündelt und lenkt – wie schon im Schweriner Luther-Bildnis – den Blick des Betrachters auf das Gesicht. Der lichtumflutete Held wird als hellsichtiger Visionär, ja visionärer Glaubensführer inszeniert, indem sein Antlitz und sein linkes Auge – im Bereich

14 Zur Aura des Heiligen und Übernatürlichen in Bezug auf das ganzfigurige Luther-Bildnis siehe Werner 2015, S. 109.

15 Ausst.-Kat. Wittenberg 2015, S. 362–363, Kat. 3/35.

16 Leppin/Schneider-Ludorff 2014, S. 419–424.

17 Hamm 2010, S. 28.

18 Leppin/Schneider-Ludorff 2014, S. 159–161. Seit dem Jahr 2000 steht der junge Luther im Fokus des Interesses. Forscher wie Leppin und Hamm untersuchen Luthers Anfänge in der Mystik und in der mittelalterlichen Tradition.

19 Leppin 2016, S. 72–75.

20 Ebd., S. 30–33.

21 Leppin 2016, S. 112–116.

22 Leppin/Schneider-Ludorff 2014, S. 774.

23 Leppin 2006, S. 18–22.

der Iris – von der Kapuze verdeckt wird. In dieser Bildformel klingt das zweigeteilte Sehen an – ins Dies- und Jenseits. Luthers Fähigkeit Gott zu schauen, man denke etwa an sein Turmerlebnis im Winter 1512/13,[17] bildet einen zentralen Bestandteil der Bildaussage.[18] Diese quasi göttliche Gabe zeichnete ihn vor allen anderen aus. Sie machte ihn zum Helden, zum Vorbild vieler.

Vor allem die moderne Druckerpresse, mit deren Hilfe seine Predigten, Bibelübersetzungen und kritischen Kommentare zu aktuellen kirchlichen Fragen und Praktiken, wie etwa dem Ablasshandel und der Werkgerechtigkeit, vervielfältigt werden konnten, machte ihn allerorten bekannt.[19] Neben dieser Strategie über den Druck von Büchern oder Flugblättern eine breite Öffentlichkeit anzusprechen, scheint Luther auch für seinen persönlichen Lebenswandel die Bühne gesucht zu haben.[20] Nicht weniger spektakulär als sein Auftritt und sein Bekenntnis zur Heiligen Schrift auf dem Wormser Reichstag 1521, wo gegen den Ketzer, Rebell und möglichen Märtyrer die Reichsacht verhängt wurde[21] und das zu einem »Medienereignis«[22] geriet, war seine Wandlung vom Mönch zum Ehemann.[23] Im Juni 1525 heiratete er die Nonne Katharina von Bora. Auch dieser Schritt fand großes öffentliches Interesse, da für gewöhnlich Mönch und Nonne aufgrund ihres abgelegten Gelübdes in Armut, Gehorsam und vor allem in Keuschheit lebten. Wohl zu Recht kann man bei dieser Hochzeit von einem Skandal sprechen, da Luther und Katharina von Bora gegen ihre Ordensgelübde verstießen und sich gegen Gesetz und Ordnung der allmächtigen Kirche positionierten. Die vielen Ehepaarbildnisse, die von der Cranach-Werkstatt geschaffen wurden, zeugen davon, dass dieser Schritt Luthers nicht als ein privates, sondern als ein gesellschaftliches Ereignis, ein Bekenntnis zum reformierten Glauben begriffen

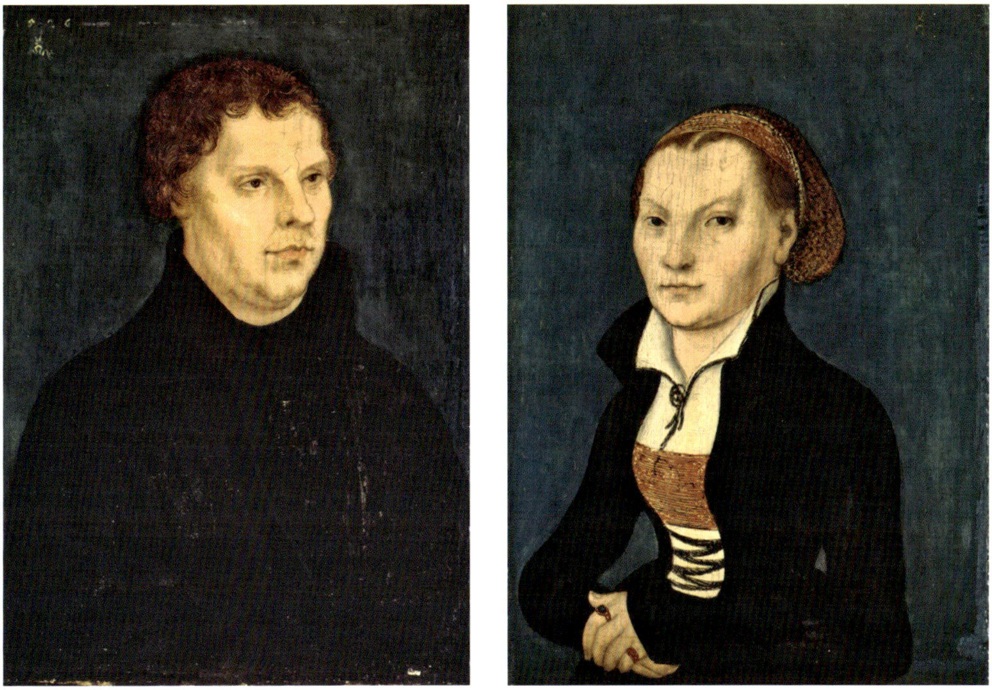

10 Lucas Cranach d. Ä., Bildnispaar mit Martin Luther und Katharina von Bora, 1526, Mischtechnik auf Holz, jeweils 19,5 × 13,5 cm, Staatliches Museum Schwerin (siehe Kat. 4–5)

wurde.[24] – Es sei die Frage erlaubt, ob in diesen bildmedialen Formeln ein möglicher Vorläufer der heutigen »Homestories« zu erblicken ist, da offensichtlich die gleichen Ziele angestrebt werden: Das öffentliche Image bewusst zu steuern, um es zu verbessern. – Die zahlreichen Eheschließungen im Umfeld seines Wittenberger Theologenkreises verkünden, dass Luthers Entscheidung erneut Vorbildcharakter besaß.

Das Schweriner Pendantbildnis (Abb. 10) mit Luther und Katharina von Bora aus dem Jahr 1526 ist kein gewöhnliches Hochzeitsgemälde.[25] Allein aufgrund der sehr zahlreichen Kopien[26] erlangte Luthers Vermählung eine gesellschaftspolitische Dimension.[27] Doch welches Image wurde im Medium der Malerei von Lucas Cranach d. Ä. und seiner Werkstatt hier propagiert? Eine nähere Betrachtung des Diptychons scheint angemessen. Das Ehepaar ist sich in traditioneller Weise zugewandt. Vor dem dunklen Hintergrund treten die hellen Gesichter stark hervor. Luther ist barhäuptig gezeigt, wohingegen Katharina mit einem Tuch die Haare bedeckt. Damals wie heute ist dies ein sichtbares Zeichen für die verheiratete Frau. Die Redewendung »unter die Haube kommen« verweist noch immer auf das Brauchtum, dass Ehefrauen eine Kopfbedeckung trugen.[28] Dass Luther kein Doktorbarett trägt,[29] also auf ein Standeszeichen verzichtet, kann als Demutsgestus begriffen werden.[30] Auffallend ist die unterschiedliche Blickrichtung der Eheleute. Luther hat seine Augen auf Katharina gerichtet, wogegen sie den Betrachter fixiert, da ihre Augen deutlich gegen die Körperwendung nach links gewandt sind. Hierdurch fühlt sich das Publikum nicht nur gesehen, sondern als Zeugen des Ehebundes einbezogen. Dieses Detail der künstlerischen Inszenierung weicht von der sonst gebräuchlichen Konvention, in der sich das Ehepaar ansieht, ab. Noch ein anderes Moment verdient Erwähnung: Obgleich das Paar 16 Jahren trennen, er trat mit 42 und sie mit 26 Jahren in den Stand der Ehe, scheinen beide gemäß ihrer Physiognomik gleich alt zu sein. Offensichtlich war es Cranach, der bei der Wittenberger Hochzeit zugegen war, darum zu tun, die Gleichheit des Paares herauszustellen. Das Ideal einer ehelichen Gleichheit folgt einer christlich-humanistischen Vorstellung, die sich bis auf Platons *Gastmahl* zurückführen lässt. Dort liest man: »Zum Gleichen gesellt sich das Gleiche.«[31] Diese Sentenz fand unter Humanisten vielfältige Aufnahme und Beachtung, wie sich dies etwa in Martin Luthers *Tischreden* und in Sebastian Francks *Sprichwörtersammlung* spiegelt.[32] Sie erhielt hierdurch eine geradezu volkstümliche Popularität und allgemeine Verbindlichkeit. Eine richtungsweisende und vor allem humorvolle Wendung erfuhr dieser Sinnspruch durch Erasmus von Rotterdam, der die Sünden

24 Bierende 2003.

25 Siehe Kat. 4–5. Ausst.-Kat. Schwerin 1990, S. 19, Nr. 6.

26 http://lucascranach.org/gallery (Zugriff am 4.2.2017). Hier werden aus dem Jahr 1526 neben dem Schweriner Bildnispaar vier weitere Ehepaarbildnisse aus Stockholm, Schleswig, Eisenach und Privatbesitz angeführt. Weiterhin http://cranach.ub.uni-heidelberg.de/wiki/index.php/CorpusCranach:Katharina_von_Bora (Zugriff am 4.2.2017). In dieser Datenbank sind 32 Ehepaarbildnisse verzeichnet.

27 Bonnet/Kopp-Schmidt 2014, S. 168–169.

28 Röhrich 2003, Bd. 2, S. 674–675.

29 Leppin/Schneider-Ludorff 2014, S. 358–360.

30 Zum Zeichen der Barhäuptigkeit siehe Bierende 2006.

31 Platon 1978, S. 35. (Plato, Symp., 195^{b}).

32 Siehe die christlich-humanistischen Sprichwörter »Ein Jeglichs nehme seins Gleichen«, in: Luther 1916–1919, Bd. 5, Nr. 6322, und »Gleich und gleich geselt sich gern«, in: Franck (1541) 1987, fol. 8r.; Franck (1541) 2000, fol. 59v./S. 146 und 99v./S. 184; Thiele 1900, S. 98–99, Nr. 79; Bebel 1969, S. 524–526, Nr. 485.

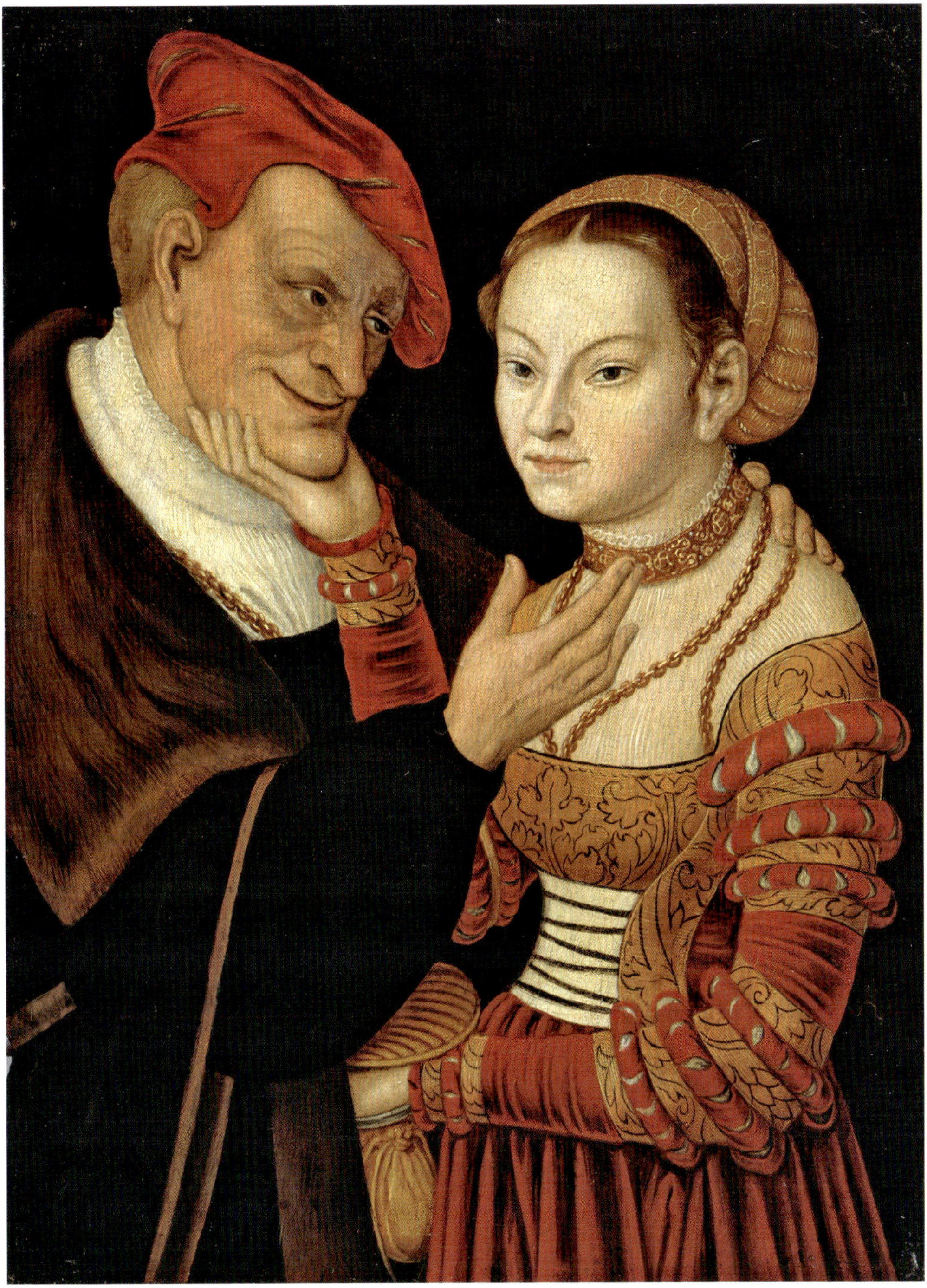

11 Nach Lucas Cranach d. Ä., Der verliebte Alte, um 1600, Mischtechnik auf Holz, 47,5 × 35 cm, Staatliches Museum Schwerin (siehe Kat. 15)

des Menschen als Narretei begreift. In *Das Lob der Torheit* lenkt er den Blick etwa auf das lächerliche Gebaren der Greise: »Nehmet dazu, daß die Alten gerade an den Jüngsten den Narren gefressen haben und umgekehrt die Jüngsten am liebsten bei den Alten sind, ganz wie Homer sagt: Wie doch gesellet der Gott stetsfort den Gleichen zum Gleichen!«[33] Sollten Luther und seine Wittenberger Humanisten – im Rückgriff auf antike Quellen und Erasmus – nicht nur in Sachen Eheideal, sondern auch in der Frage des Humors in reformatorischen Kreisen eine Vorreiterrolle übernommen haben?

Cranach d. Ä. und seine Werkstatt schufen seit etwa 1522 eine Vielzahl an Bildern zum Thema der »Ungleichen Paare« (Abb. 11).[34] Sie können vor dem Hintergrund von Luthers Ehetraktaten[35] und seinen Ehebildnissen, die das Ideal der Gleichheit proklamieren und verbildlichen, als Antithesen begriffen werden. In den Kreis der auf Pro und Contra, auf Gut und Böse, auf reformatorische und päpstliche Kirche zielenden, dialektisch gestalteten Bilder von Cranach – wie etwa *Gesetz und Gnade* und *Passional Christi und Antichristi* – ließen sich auch die »Ungleichen Paare« aufnehmen. Insofern trat die gute Tat Martin Luthers und seiner Ehefrau sowie die in der Folge geschlossenen Ehen der anderen Reformatoren noch heller hervor, da durch den Vergleich mit den »Ungleichen Paaren« im Sinne von Held und Antiheld, Luthers Moral und Eheideal noch stärker erstrahlte.

Luthers Verständnis der Ehe war der Gegenentwurf zur gelebten Realität, denn nur zu oft wurden Ehen oder auch heimliche Beziehungen, sogenannte Winkelehen, unter ungleichen Paaren geschlossen. Solche Verbindungen zielten vor allem auf Gewinn, den man durch eine Standeserhöhung anstrebte, durch mehr Geld zu erlangen hoffte und durch einen Jüngeren bzw. Jüngere in sexueller Hinsicht zu erreichen suchte. In all diesen Fällen drohte Ungleichheit das Band der Eintracht zu gefährden. Solche Ehebünde und Winkelehen galten Humanisten und Theologen gleichermaßen als unmoralisch, da sie selten aus gegenseitiger zärtlicher Liebe und Zuneigung, sondern meist aus schierem Eigennutz geschlossen wurden. Dass sich im sächsischen Raum verschiedene Autoren, Humanisten und Theologen benennen lassen, die zum Motiv der »Ungleichen Paare« Proverbien samt Kommentaren verfassten, wie etwa Johannes Agricola, Sebastian Franck und Martin Luther,[36] bestätigt nicht nur literarische und künstlerische Beliebtheit, sondern auch dessen tatsächliche Existenz und Häufigkeit besonders in Kreisen des Adels und Bürgertums.

Zur Steigerung der Popularität des Sujets dürften wesentlich der Witz und die erotischen Anspielungen beigetragen haben. Denn worüber kann man freier scherzen, sich besser amüsieren als über die Unvernunft und die Narrheiten anderer? »Wer den schaden hat, darff fur spott nich sorgen«,[37] wusste schon Luther zu resümieren. Schimpf – zu althochdeutsch »scimph« im Sinne von Scherz – und Witz – zu althochdeutsch »wizzi« also Wissen – schätzte er genauso sehr wie volkstümlichen Humor, hintergründigen Sprachwitz und Sprichwörter. Doch lenken wir den Blick auf das Gemälde selbst, um Anspielungen und Witz zu ergründen. Eine junge Frau umfasst mit der Hand scheinbar liebevoll das Kinn eines alten Mannes,[38] während sie zeitgleich mit der anderen Hand heimlich in dessen Geldbörse greift, um sich zu bereichern. Dieser Beutel hängt, wen wundert's, im Bereich des männlichen Geschlechts. Insofern fasst sie in zweideutiger Weise nach seinem Geld und zugleich nach seiner Männlichkeit, womit ihre Geste eine erotische Aufladung erfährt. Genau diese Art von Doppeldeutigkeiten und sexuellen Anspielungen sind der Nährboden für Spaß und Spott. Noch ist dem Alten das Lachen nicht vergangen, da ihm die junge Frau nach der er sehnsuchtsvoll verlangt, vermeintlich geneigt ist. Doch offensichtlich hat der alte Narr, immer noch lächelnd, nicht bemerkt, dass diese Liebe nur Trug und keine Wahrheit ist. Denn diese Liebe ist gleich in zweifacher Hinsicht falsch: Weil ihre Gier nur auf den Reichtum des Alten ausgerichtet ist, wogegen seine Begierde allein auf ihre Jugend und Schönheit zielt. So finden beide keine wahrhaftige Liebe, da ihr Trachten nach materiellen Gütern und äußerlichem Schein, statt nach inneren Werten und Tugenden strebt. Folglich fallen beide in ihrem närrischen und zugleich sündigen Verhalten aufeinander herein. Mann und Frau sehen sich so dem allgemeinen Gespött und Gelächter ausgesetzt. Beide sind in ihrem Tun als Gefangene ihrer Begierden und Sünden charakterisiert. Die Störung der Selbstkontrolle bei Mann und Frau führt zu einer grotesken, völlig verfahrenen Situation, die beim Betrachter nach Befreiung verlangt. Denn wer lacht, distanziert sich von seinen Zwängen. Frei nach dem Motto: Erst lacht, dann bitte nachgedacht!

33 Erasmus von Rotterdam (1511) 1995, Bd. 2, S. 28–29. Vgl. auch Homer, Oden, 17,217: »Ein Schurke führt den anderen, wie eben stets ein Gott den Gleichen zum Gleichen führt.«

34 http://cranach.ub.uni-heidelberg.de/wiki/index.php/CorpusCranach:Ungleiche_Paare (Zugriff am 4.2.2017). Hier werden 101 Tafelbilder zum Thema der »Ungleichen Paare« aufgeführt. Weiterhin http://lucascranach.org/gallery (Zugriff am 4.2.2017). Unter dem Titel »Ill-matched couple« finden sich 22 Tafelbilder.

35 Luther 2002; Leppin 2015.

36 »Sie hatt yhn lieb / ja auff der seitten da die tasche hangt.« In: Agricola (1534) 1970, Nr. 675; Franck (1532) 1970, S. 117, Nr. 358. Vgl. auch Luther 1916–1919, Bd. 4, S. 410–411, Nr. 5961.

37 Thiele 1900, S. 236, Nr. 245; Röhrich 2003, Bd. 3, S. 1511–1512.

38 Der Griff ans Kinn steht seit der Antike für einen Liebesgestus, der während des Mittelalters im Kontext der christlichen und höfischen Minne fortbestand: Maria mit dem Kind, Diptychon aus St. Georg in Köln, um 1330/35 (Nr. 274), Staatliche Museen zu Berlin, Gemäldegalerie; Maria mit dem Kinde, Paris, um 1339, Paris, Musée du Louvre (Nr. 450); Spiegelkapsel, Paris, um 1320/40, London, Victoria and Albert Museum (Nr. 459a). Abb. in: Simson 1990.

VORSTELLUNG UND REALITÄT

EIN HOLZSCHNITT CRANACHS D. J. UND DER VERLAUF DER REFORMATION IN GÜSTROW

Gisela Scheithauer

DER HOLZSCHNITT *UNTERSCHIED ZWISCHEN DEM EVANGELISCHEN UND KATHOLISCHEN GOTTESDIENST*, 1546/47

Die Werkstatt Cranachs reagierte auf politische, religiöse und soziale Veränderungen. Sie entwickelte ungewöhnliche Kompositionen und neue Ikonographien, um ansprechende Lösungen für Aufträge aus unterschiedlichen gesellschaftlichen Schichten zu finden, die sich auch verfeindet gegenüber stehen konnten. In dieser Fähigkeit, auf Wünsche und Vorstellungen der Käufer zu reagieren und jeweils entsprechende bildliche Antworten zu geben, liegt unter anderem der anhaltende Erfolg der Werkstatt begründet. Auch der großformatige und von zwei Druckstöcken gefertigte Holzschnitt *Unterschied zwischen dem evangelischen und katholischen Gottesdienst*[1] (Abb. 1) aus den Jahren 1546/47 ist eine Erfindung der

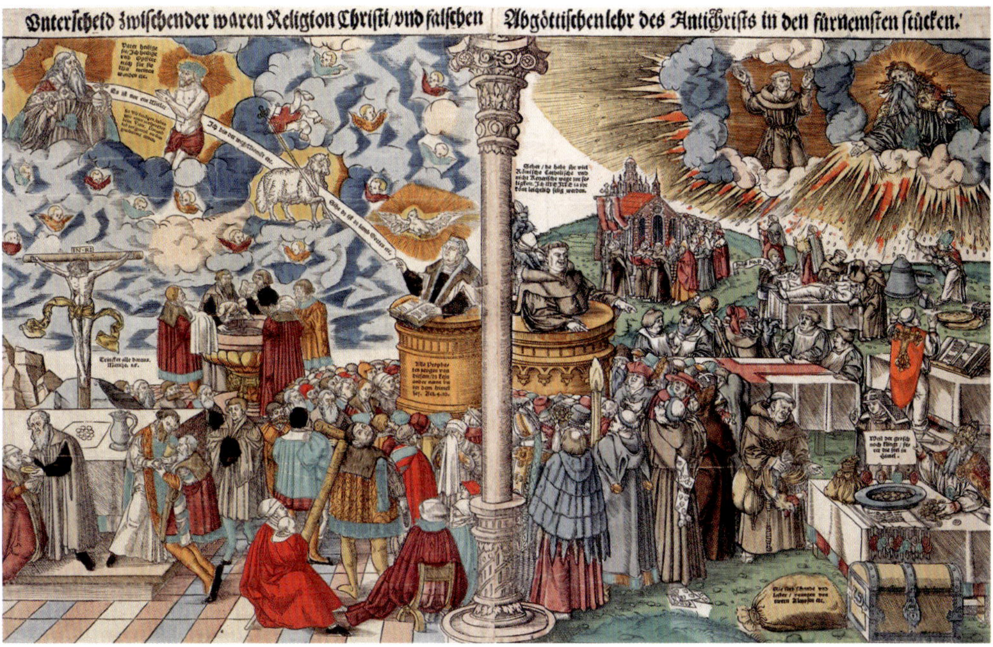

1 Lucas Cranach d. J., Unterschied zwischen dem evangelischen und katholischen Gottesdienst, um 1546/47, kolorierter Holzschnitt von zwei Druckstöcken, Staatliche Museen zu Berlin, Kupferstichkabinett

1 Zum Holzschnitt siehe Kunz 2015, S. 86–87, Abb. 5 sowie Kaufmann 2016, S. 296–297, wo es heißt: »Das undatierte, anonyme Blatt wurde 1550 in Magdeburg bei Pankratius Kempff gedruckt; der Text stammt von Matthias Flacius«. Die Zuschreibung an den Drucker Kempff ist nicht gesichert. Vgl. weiterhin Ausst.-Kat. Wittenberg/Dessau/Wörlitz 2015, S. 226 und Abb. S. 227, Kat. 52. Für die kunsthistorische Einordnung des Holzschnittes bin ich Dr. Tobias Pfeifer-Helke verbunden.

Cranach-Werkstatt, die sich zwar auf Vorbilder stützt, jedoch zu einer neuen Aussage gelangt. So geht die Idee auf Hans Wohlgemuts Darstellung des Antichristen in der Schedel'schen *Weltchronik* (1493) zurück. Sie bestimmt auch die Komposition des Holzschnitts von Georg Pencz *Inhalt zweierley Predigt* von 1529, doch werden bei dem Cranach-Blatt nicht nur die unterschiedlichen Riten des katholischen und lutherischen Glaubens dargestellt, sondern auch ihr Inhalt vorgeführt. Damit gelang es den Cranachs, ein Panorama der Religionsstreitigkeiten zu entwerfen.

Wie im Titel benannt, werden die Religionen – durch eine Säule voneinander separiert – gegenübergestellt. Altar, Glockenweihe, Letzte Ölung und Messhandlung stehen für das rechts beschriebene katholische Christentum. Im Bild ist auch der Papst dargestellt, vor dem Opfergaben ausgebreitet sind. Denn selbstverständlich spielt der Ablass eine wesentliche Rolle: »Weil der Grosch noch klingt, feret die seel in Himmel«. Auf der reich geschmückten Kanzel thront ein feister Mönch, dem der Teufel seine Gedanken einhaucht. Über all dem droht ein zürnender Gott, indem er einen Hagelsturm auf die Erde herabschickt. Ganz anders wirkt die Szene links der Säule. Die Gläubigen umstehen die Kanzel mit Martin Luther. Darüber ein Schriftband, auf das dieser mit dem Finger deutet, eine direkte Verbindung mit Gottvater anzeigend. Nur das Lamm und Jesus treten als Mittler auf. Christus bittet für die Gläubigen: »Vater, heilige sie. Ich heilige und opfere mich für sie (…).« Als Elemente des evangelischen Gottesdienstes werden gezeigt: das Abendmahl in beiderlei Gestalt, die Taufhandlung und vor allem die Predigt. Lauschen auf der rechten Seite katholische Würdenträger einem Mönch, dessen Rede sich nicht auf die Heilige Schrift bezieht, befindet sich links eine eher bürgerliche Zuhörerschaft, die bereit ist zur Aufnahme der neuen Lehre, unter ihnen mit dem Kreuz Herzog Johann Friedrich I. von Sachsen.

Der Holzschnitt, aufgrund seiner Komplexität auch als »Merkblatt« bezeichnet, da es die Merkmale der alten und neuen Religion im Bild verdichtet, ist ein Spiegel des konfessionellen Streits der Zeit. Cranach d. J. gelang eine Darstellung, die für viele Regionen des Reiches geradezu paradigmatischen Wert besaß. Wie sich die Ereignisse in Güstrow reihten, sei im Folgenden skizziert. Zu bedenken ist, dass Bilder wie der beschriebene Holzschnitt nicht nur anschaulichen, sondern auch didaktischen Charakter besitzen: Insoweit kann der Wunsch nach Einführung des neuen Glaubens durch solch eine Darstellung genährt werden. Gleichzeitig erscheint in vielen Facetten der große Cranach-Holzschnitt geradezu als eine Illustration der Reformationsereignisse in Güstrow. Denn in der Erfassung der lebensweltlichen Realität lag eine weitere große Leistung der Cranachs und ihrer Werkstatt in Wittenberg.

GÜSTROW KURZ VOR DER REFORMATION

Im September 1525 wurde in Güstrow der Kaplan Matthäus Eddeler (gest. 1556) zum Dekan der »Bruderschaft der heiligen Bekenner Gregorius und Augustinus« gewählt. Von da an führte er die Annalen der Bruderschaft, registrierte ihre Mitglieder, teilte die Statuten mit und vermerkte selbst die verspeisten Gerichte. Gesammelt wurden diese Notate als Güstrower *Buch des Kalands*, bezeichnete man doch Bruderschaften nach ihren Zusammenkünften an jedem Ersten eines Monats nach dem lateinischen Begriff *kalendae*, der sprachlich mit dem Wort Kalender verwandt ist.[2] Das *Buch des Kalands* enthält überdies einzigartige Mitteilungen zur Geschichte der Stadt Güstrow wie zu den drei großen

Stadtbränden der Jahre 1503, 1508 und 1512. Bevor die Bewegung der Reformation die Stadt erreichte, war sie mehrmals zerstört worden. Zuerst 1503 durch Blitzschlag, als »Feuer vom Himmel gefallen« war.[3] Die Bewohner hatten ihre Häuser nach diesem oder den kommenden Schicksalsschlägen immer wieder aufgebaut, ebenso die am Markt gelegene und von einem Friedhof umgebene Stadtkirche St. Marien. Dies bedeutete eine enorme Anstrengung, auf die sich die Güstrower in den Wirren der Reformation mit Stolz bezogen, wie weiter unten zu sehen sein wird. Es waren aber auch Unsicherheit und das Bewusstsein für ständige Gefahren, die ihr Leben bestimmten.

Im Übrigen war das vorreformatorische Leben in der Stadt selbstverständlich von kirchlichen Höhepunkten wie Prozessionen geprägt, die der Kaminer Bischof und die Landesherren Albrecht (1525–1576) und Heinrich (1479–1552) persönlich anführten. So wurde das «Heilige Blut« von der Heiliggeistkapelle in den Dom überführt, ein Ereignis, an der die »gesamte Geistlichkeit der Stadt Güstrow in Anwesenheit einer großen Volksmenge« teilnahm.[4] Am gleichen Tage führten die Fürsten auch die Franziskanermönche vom Gertrudenfriedhof in die Stadt. Die Einwohner waren darauf eingeschworen, in religiösen Fragen ihrem Landesherrn zu folgen. Für die Einführung der lutherischen Lehre war dies von grundsätzlicher Bedeutung. So hieß es bei festlichen Anlässen: »Henning, von Gottes und des apostolischen Stuhles Gnaden, Bischof der Kaminer Kirche, gewähre allen Bußfertigen und reumütig Beichtenden (...) und an Stiftungen Beteiligten (...) mitleidvoll vierzig Tage Ablaß von auferlegten Bußen (...)«.[5] Dabei wurde um die Fürsprache der Heiligen als Mittler zwischen den irdischen Sündern und Gott gebeten.

Im *Buch des Kalands* finden sich weiterhin die Namen von Güstrower Bürgermeistern und Ratsherren, von Kaufleuten und Geistlichen. Sie alle waren Teil einer katholischen Glaubensgemeinschaft, die sich auch mit Hab und Gut ihrem Glauben verschrieben hatte. So konnten ihre Nachlässe nach dem Tod dem Klerus gestiftet werden. Diese Stadtgesellschaft war es, die sich einige Jahre später mit Vehemenz gegen die ersten Lutheraner wandte.

DER BEGINN DER REFORMATION BIS ZUM GÜSTROWER THESENANSCHLAG

Matthäus Eddeler teilte als Dekan der »Bruderschaft der heiligen Bekenner Gregorius und Augustinus« mit, er habe sein Amt übernommen in einer Zeit, »in welcher die Sekte der unseligen Martinisten in Güstrow ihr Unwesen trieb«.[6] Dieser Satz ist ein erster Hinweis auf die Anwesenheit der Anhänger Luthers in Güstrow. Gleichzeitig macht er deutlich, dass die »Neuen« in der Stadt nicht gern gesehen waren und es zu erheblichen Schwierigkeiten kam. Interessanterweise beschrieb der Chronist Eddeler jedoch mit keiner Silbe die aufrührerischen Vorgänge in der Stadt, erläuterte und kommentierte sie schlichtweg nicht. Erst 100 Jahre später berichtete Thomas Friedrich, Rektor des Güstrower Dom-Gymnasiums, in den *Analecta Güstroviensia* darüber: »Es geschah im Jahre 1533, daß von

2 Gernentz 1968.
3 Zitiert nach ebd., S. 111.
4 Friedrich/Gernentz (1706) 1965.
5 Ebd., S. 122–123.
6 Gernentz 1968, S. 1. Siehe auch Ira Koch in Aust.-Kat. Güstrow 1999b, S. 27.

Männern, die Heinrich der Friedfertige an seinem Hofe in Güstrow hatte und ernährte – mochten es nun Kunstbeflissene oder für andere Tätigkeiten Entlohnte sein – zum Teil waren sie aus Meißen hierher verschlagen und bekannten sich schon zu der Lutherischen Lehre – dass also von diesen einige mit Einverständnis ihres Fürsten evangelische Kandidaten oder Prediger einluden und hierher beriefen, unter ihnen einen Johann (…) und Joachim Kruse. Diese sprachen zuweilen von der Kanzel der Pfarrkirche zur Bevölkerung und wiesen ihren eifrig lauschenden Hörern den rechten Weg zu Heil und Rettung (…).«[7]

Herzog Heinrich verpflichtete um 1525 unter seinem Schutz zwei evangelische Predikanten für die Kirche zum Heiligen Geist und die Stadtkirche St. Marien: Johannes Lüdecke (gest. 1559) und Joachim Kruse. In beiden Gotteshäusern haben sie gepredigt, doch wohl selten vor »eifrig lauschenden Hörern«.[8] Denn gerade in der Pfarrkirche kam es mehrfach zu handgreiflichen Auseinandersetzungen, wie die folgenden Berichte beweisen.

Ein Schreiben ist von dem Prediger Johann Lüdecke als die *Historia des Geschickes, wo ich am Laurentii Tag (daghe) von den Mönchen entwichen bin* verfasst worden.[9] Er erzählt, er habe in der Pfarrkirche einen predigenden Franziskaner angetroffen, der das Evangelium wohl »wenig gelesen« habe und nun korrigiert werden müsse. Nachdem er, Lüdecke, »mit eigener Hand silentium geboten«, rief er den Leuten zu: »Wir werden allein selig durch den Gedanken an Jesum Christum!« Das wird der Mönch als häretische Äußerung gegen »die lieben Heiligen« aufgefasst haben. Lüdecke schildert genau, was sich dann ereignete: »Da ist der Mönch rasend (*unsinnig*) geworden und hat gerufen, man soll mich aus der Kerke bringen, der Teufel hat mich besetzt.« Auch Frauen (*fruowe*) mischten sich ein, bewarfen den Lutheraner Lüdecke mit Steinen und »haben sein Haar begehret«, wollten ihm also wie einem Ketzer den Kopf scheren, was jedoch verhindert werden konnte. Ein Aufseher des Klosters, der Guardian, wollte nun wissen, was der fremde Prediger in dieser Kirche zu suchen und wer ihn beauftragt habe. Lüdecke antwortete darauf voller Selbstsicherheit: »Gott und mein gnädiger Herr, Herzog Heinrich von Mecklenburg.« Doch gänzlich unbeeindruckt von diesem hochobrigkeitlichen Boten meinte nun der klösterliche Beamte, er würde ihm trotzdem »aufs Maul schlagen« und zog zum Zeichen seiner ernsten Absichten den Holzschuh vom Fuß. »In mir ist Petrus wachgeworden«, deklamierte Lüdecke das Neue Testament und drohte dem Guardian: »Wenn du mich schlägst, ich schlag dich wieder (*ick schla di wedder*).« Doch besonnene Zeugen des Streits verhinderten weitere Auseinandersetzungen. Und Herr Johann, wie er von den Freunden genannt wurde, beendete seine Erzählung wie folgt: »Und ich bin also von dem Priester abgestanden und bin nach Hause gegangen.« Dort verfasste er einen Text, den er als *Oppositum* bezeichnete. Darin ist die Rede von der neuen Lehre, von der Gnade durch Christus und vom ewigen Leben in Freude. Ganz in der Tradition des Glaubensbekenntnisses ist dieser Teil in lateinischer Sprache formuliert. Johann Lüdecke eiferte seinem berühmten Vorbild Martin Luther nach und hat sein religiöses Bekenntnis mit Wachs an eine der Türen von St. Marien geklebt (*anklemete*), »damit kein böser Seelenmörder die reine Lehre verunrichtigen sollte.« So sind die Güstrower auch zu einem Thesenanschlag gekommen, selbst wenn keine Hammerschläge wie möglicherweise in Wittenberg zu hören waren.

Überliefert sind weitere Auseinandersetzungen: »Es ist nicht zu beschreiben«, so der Rektor Friedrich Thomas in den *Analecta*, »wie sehr die römische Priesterschaft dadurch aufgebracht wurde und ein wie großer Tumult deswegen in dieser Stadt entstand. Die Priester ließen gerade am Osterfest, wo die Gedanken der Lutheraner auf ernste Dinge gerichtet waren, die Posaunen blasen, die Glocken wie zum Kriegs- oder Feuerlärm läuten und drangen, vom übelberatenen Volkshaufen begleitet, in die dem Fürsten gehörige Müntzstätte ein, wo die Diener des Luthertums sich versteckt halten (...). Hier ergriffen sie den Gottesmann und jagten ihn aus der Stadt.«[10] Das erzürnte Volk vertrieb den Prediger an einem religiösen Feiertag aus Güstrow.

Der Beginn der Reformation in Güstrow ist jedoch nicht allein durch die Niederschrift von Friedrich Thomas und das Bekenntnis des Predigers Johannes Lüdecke dokumentiert. Es gibt weiterhin eine Überlieferung von Handwerksgesellen, die verdeutlicht, wie dramatisch die Ereignisse und wie gefährlich die Lage für Lüdecke in der Stadt wirklich waren.[11] Der Beschreibung ist zu entnehmen, was sich in der Pfarrkirche, auf dem Schloss und im Rathaus zutrug. Die Gesellen berichteten, dass der Küster von St. Marien eine Holzfigur (*einen holzen Juden*) als lutherischen Prediger auf die Kanzel gestellt hatte. Dies betrachten die Anhänger des Dr. Martin als offene Verhöhnung ihres Glaubens. Vor der Kirche sei »der Caplan mit anderen Pfaffen gestanden und sie haben unseren Prediger gelachet und gespottet, dann ist die Glocke gestürmt«. Doch damit nicht genug. Der Bericht erwähnt Namen von ansässigen Bürgern (unter anderem Martin vom Sehe) und auch von Geistlichen der Stadt, die sich mit Spießen, Keulen und Stangen bewaffneten, »um die Oberländer zu Tode zu schlagen«. Ein Tumult und Handgemenge entstand, bei dem auch Bürgerhäuser aufgebrochen wurden.

Die Lutheraner, verfolgt von der Menge, flohen zu ihrem Schutzherrn Herzog Heinrich auf das Schloss. Doch auch das herrschaftliche Gebäude war kein sicherer Zufluchtsort. Die wilde Horde spürte den Prediger auf und nur die Geistesgegenwart des Schlosshauptmanns konnte die Menge davon abhalten, ihn über den »Gang allhie« zu werfen. Am nächsten Morgen nahm sich der Rat des Sachverhalts an. Er verfügte ein Verhör des Predigers, den die Stadtknechte ins Rathaus gebracht hatten, damit er sich verantworten könne. Gemäß den Schilderungen soll er wacker zu Luthers Lehre gestanden und sich im Übrigen auf Herzog Heinrich und den lieben Gott berufen haben. Von einer Ausweisung ist nichts zu lesen. Doch die Priesterschaft der Domkirche, die *Clerisai*, verlangte inständig und nachdrücklich die Verbannung des Predigers. Dazu wurde eine Stellungnahme zum Bericht der Lutheraner verfasst.[12] Darin wurden die inzwischen landesweit bekannten Güstrower Vorgänge geleugnet und der Landesherr ersucht, sie und »den Rath und die Gemeinde der Stadt Güstrow« vor den »fremden ungerechten Predigern« zu schützen und »denen das Predigen zu verbieten«, damit »sie sich der Stadt enthalten«.

Wie reagierten die mecklenburgischen Herzöge in dieser Situation? Die lutherischen Landesherren handelten einen Frieden in den Kirchen ihrer Stadt Güstrow aus, indem sie beispielsweise die Predigtzeiten in der Pfarrkirche regelten. »Demnach mussten die katholischen Priester alle Sonntage und des Heiligen Tages ihre Gottesdienste des Morgens zu acht Schlägen endigen und der Predikant soll von achten bis zu einer Stunde nachmittags Gottesdienst halten«, eine offensichtliche Bevorzugung der neuen Religion!

7 Friedrich/Gernentz (1706) 1965, o. S.

8 Ira Koch vermutet, dass sich Lüdecke zumindest zwischen dem 29.4. und dem 15.9.1525 in Güstrow aufgehalten hat. Ausst.-Kat. Güstrow 1999b, S. 32.

9 Hier und im Folgenden Johannes Lüdecke: Die Historia des Geschickes (...), in: LHAS 2.12–3/4, 4221, Kirchen, Schulen/Specialia.

10 Friedrich/Gernentz (1706) 1965, o. S.

11 Beschwerde der Handwerksgesellen, in: LHAS 2.12–3/4, 4223, Kirchen, Schulen/Specialia.

12 Erklärung des Kapitels zum Bericht der Handwerksgesellen, in: ebd.

Predigen soll jeder »ohne Schmäh und Lästerey« und sich »sonsten gegeneinander friedlich und freundlich halten (…). Und wenn da jemand sein sollte, der das freventlich hindern sollte, der werde mit greulicher Strafe verfolgt.«[13] Die Anweisung der Obrigkeit war unmissverständlich.

DER WEITERE VERLAUF DER REFORMATION IN GÜSTROW

Neun Jahre später, in den Jahren 1534/35, verfügte Herzog Heinrich für einen Teil seines Herrschaftsgebietes eine Kirchenvisitation. Johann Albrecht folgte für seinen Landesteil erst im Jahr 1552. Die Herzöge beauftragten Visitatoren, begleitet von einem Juristen. Sie untersuchten die Pfarreien, um ihre Pfründe festzustellen, überprüften auch die im Gottesdienst verwendeten Geräte, das Silber (*Sülverwerk*) und verschafften sich einen Eindruck vom Können der geistlichen Führer. So erörterten sie in den Pfarreien unter anderem die Frage, ob die Kraft der Stimme (Schall) des Predigers ausreiche, die Gemeinde zu belehren und ob er selbst die neue Lehre verstanden habe. In Güstrow wurden die Prediger der Pfarrkirche examiniert. Das Ergebnis der Visitatoren fiel ernüchternd aus. Sie stellten fest, dass »fast alle alte unvermögende Leute sind, die ihre Nahrung sonst nicht erwerben können und wiewohl sie ungeschicklichkeit wegen und Alters halber kein Amt in der Pfarrkirche verwalten können, haben sie sich doch der Kirchenordnung zu fügen«. Die Religionsdiener mussten auch versprechen, »die verdächtigen Conkubinen (Kökschen) von sich zu tun.« Auch gab es verarmte Mönche, deren Verbleib verhandelt werden musste. Und es wurde entschieden, dass die Mönche ihre Wohnungen im Klosterhof behalten durften.

Doch Herzog Johann Albrecht übernahm nicht blind die Vorschläge der Güstrower Visitatoren, sondern verfolgte mit Entschiedenheit die Etablierung des neuen Glaubens und ihrer Institutionen. So beschloss er, dass die neue Schule nicht ins Kloster, »sondern an einen geeigneten Ort gelegt werde.«[14] Und hart ging er mit den orthodoxen Altgläubigen ins Gericht, die sich nicht in das veränderte Glaubensgefüge einpassen wollten. Besonders Thomas Thomae, der Rektor der Domschule, hatte sich der reformierten Lehre verweigert. Nach der Visitation befahl der Herzog seine Entlassung. Auch wurden seine geistliche Pfründe eingezogen. Gemeinsam mit den Mönchen, denen die Visitatoren eigentlich noch Bleiberecht zugesprochen hatten, musste er die Stadt verlassen. Nach den Kirchenvisitationen wurden die personellen Besetzungen der Güstrower Kirchen und Schulen neu geregelt, eine Armenversorgung eingerichtet und Stipendien für begabte Knaben vergeben, vorausgesetzt sie verpflichteten sich, nach ihrem Studium als Geistliche in der Landeskirche tätig zu sein oder als Offiziere in den Regimentern des Landes zu dienen.

Nachdem die mecklenburgischen und lutherfreundlichen Herzöge als Reichsvasallen des katholischen Kaisers Karl V. lange gezögert hatten, wie sie sich hinsichtlich der Glaubensfrage verhalten sollten, entschlossen sie sich schließlich 1549 zur Einführung der Reformation in ihren Landesteilen. Diese Entscheidung war nicht zuletzt aufgrund der überregionalen politischen Entwicklungen durch das *Augsburger Interim* von 1548 zustande gekommen, das bis zur Einberufung eines allgemeinen Konzils und die Wiedereingliederung der Protestanten in die alte Kirchenordnung Gültigkeit besitzen und die Religionsausübung festlegen sollte.

Das *Interim* beinhaltete kaum Zugeständnisse an die Protestanten. Der Messdienst wurde ebenso beibehalten wie die Stellung des Papstes als oberster Bischof. Weiterhin bestätigte es die gottesdienstlichen Bräuche sowie die Heiligenverehrung. Die Mecklenburger hatten ihre Antwort auf diese provisorische Übergangsregelung hinausgezögert, bis sie vom Reich zu einer Stellungnahme angemahnt wurden. Vor allem war es der junge, tatkräftige Johann Albrecht I. (1525–1576), der sich für die neue Lehre und eine reformierte kirchliche Ordnung in Mecklenburg einsetzte. Er suchte die Nähe des mit Acht und Bann belegten Martin Luther. Ebenso lud er dessen gelehrten Freund Johannes Aurifaber (1519–1575) an seinen Hof und trat in Kontakt zu David Chytraeus (1531–1600) und dem Mathematiker und Geographen Tilemann Stella (1525–1589). Gemeinsam mit dem Herzog entschieden die Stände, das *Interim* abzulehnen. Dies geschah »zu früher Tageszeit zu sieben Schlägen« am 20. Juni 1549 an der Brücke bei Sagsdorf nahe der Stadt Sternberg. Der Einladung des Landesherrn gemäß ging es um nichts Geringeres als der »Seelen Seligkeit«.[15] Johann Albrecht I. gelang es gemeinsam mit seinem Onkel Heinrich V. (1479–1552) und seinem Bruder Herzog Ulrich (1527–1603), die Stände – Ritterschaft und Landschaft – auf die *Confessio Augustana* einzuschwören. Der Landtag an der Sagsdorfer Brücke erwies sich daher als ein geglückter diplomatischer Schachzug. Der Herzog sicherte den Ständen ihre Privilegien und übergab ihnen drei ehemalige Klöster. Im Gegenzug übernahmen sie seine nicht unbeträchtlichen Schulden. Einmütig antwortete man dem Kaiser, dass man gewillt sei, zusammen mit dem Landesherrn bei der evangelischen Lehre zu bleiben und dafür bereit wäre, »Leib, Gut und Blut einzusetzen«.[16] Die an der Sagsdorfer Brücke gegebene Antwort gilt religionshistorisch als das mecklenburgische Glaubensbekenntnis und als Einführung der Reformation in Mecklenburg. Es war das Ergebnis jahrelangen religionspolitischen Ringens im Land. Mit allein vier Gegenstimmen fiel die Entscheidung im Vergleich zu den jahrelangen Auseinandersetzungen geradezu einträchtig aus.

Die Herzöge jedoch wollten weitere Rechtsverhältnisse fixieren. Bürgermeister und Rat von Güstrow hatten das Patronatsrecht (*jus patronatus*) der Pfarrkirche inne. Solange Johann Albrecht auf Schloss Güstrow residierte (1547–1555), blieb dieser Status bestehen. Doch nachdem sein Bruder Ulrich auf das Schloss gezogen war, ließ er keinen Zweifel daran aufkommen, dass einzig er allein dieses Recht in Anspruch nehmen dürfe. Die Bürger der Stadt mussten sich fügen. Doch sie wollten »an ihren Rechten nicht verkürzt werden« und »ohne Not nicht schweigen«.[17] Selbstbewusst antworten sie dem Landesherrn: »Und ist am Tage und unwidersprechlich, daß die Pfarrkirche, wie sie ao. 1503 in Grund abgebrannt, von den Einwohnern und Bürgern dieser Stadt wiederum von Grund auferbaut und ist von denselben vorher und nachher – mit Lehnen und Einkünften versorgt und dotiert, daß der Gottesdienst hat stattfinden können, daß die Diener der Kirche – Küster und Organisten hier dauernd ihren Unterhalt haben konnten.«[18] Zwar bestätigte ein Gutachten der Universität Helmstedt ihren »Rechtsanspruch«, doch erst

13 Verfügung der Herzöge - Abkündigung von der Kanzel, in: LHAS 2.12–3/4, 4400, Kirchen, Schulen/Specialia.

14 Stadtarchiv Güstrow (im Folgenden StA Güstrow), Bedenken der verordneten Visitatoren, den Thum und alle Kirchen Güstrows betreffend, Aktenbestand Pfarrkirche.

15 Schnell 1899, S.14.

16 Schmalz 1935–1952, Bd. 2, S. 68–69.

17 StA Güstrow, Patronat, Verfassung, Rechte der Pfarrkirche. Schriftverkehr zwischen Herzog Ulrich und dem Ratskollegium, Aktenbestand Pfarrkirche.

18 Ebd.

Gustav Adolf (1633–1695) schrieb ihnen 1662 in einem *Permutations-Contract*[19] das *jus patronatus* an ihrem Gotteshaus zu.

Im Jahre 1552 dann – die Zusammenkunft an der Sagsdorfer Brücke lag drei Jahre zurück – erschien die erste für Mecklenburg gültige Kirchenordnung,[20] fünf Jahre später ihre Übertragung ins Niederdeutsche. Darin wurde bestimmt, »wie es mit christlicher Lehre, Reichung der Sakramente, Ordination der Diener des Evangelii (...) Ceremonien (...) und Schulen im Herzogtum Mecklenburg gehalten wird«.[21] Sie entstand unter der Federführung des Superintendenten Gerhard Oemecke und ersetzte die Vorschläge der Visitatoren. Auf Grundlage dieser und der revidierten Fassung von 1602 wurden in Güstrow das Schulwesen gestaltet, Kirchenbußen verhängt oder die Hexenverfolgung organisiert.

In Jahrhundertschritten – manchmal aber schon nach einem halben Säkulum – feierten und feiern die Güstrower bis heute den Beginn der Reformation in ihrer Stadt. Dafür haben sie den 23. Juni 1533 festgelegt, als Joachim Kruse in der Pfarrkirche die erste evangelische Predigt gehalten haben soll. Manchmal wurden auch andere Anlässe für ein Jubiläum bestimmt. So wurde beispielsweise im Jahre 1783 ein neuer Ratschor in der Pfarrkirche eingebaut und Prinz Friedrich Franz von Mecklenburg nebst Gattin nahmen am Festgottesdienst teil. Bürgermeister und Rat zogen *in corpore* in die Stadtkirche ein. Da wurden in den Kirchen der Stadt »alle Glocken gezogen«.[22] Auch der Dom, seit 1568 evangelisch, läutete lange und unentgeltlich.

19 Permutations-Contract de 17. November 1662 wegen des juris patronatus der Pfarrkirche, in: Sammlung von Statuten, Localverordnungen und Nachrichten für die Vorderstadt Güstrow, Bd. IV, StA Güstrow.

20 Kirchenordnung für das Herzogtum Mecklenburg, Wittenberg 1552 sowie Revidierte Kirchenordnung für das Herzogtum Mecklenburg, Rostock 1602.

21 Ebd.

22 Reformationsfeiern der Stadt Güstrow, Aktenbestand Pfarrkirche, StA Güstrow.

KATALOG

Autoren:
GS Gero Seelig
RE Regina Erbentraut
TPH Tobias Pfeifer-Helke

ZEICHNUNGEN

1 Lucas Cranach d. J.
Das Abendmahl
Zeichnung für das Epitaph für Fürst Joachim von Anhalt in der Schlosskirche St. Marien in Dessau, 1564
Feder in Schwarz, grau laviert
227 × 182 mm
Bezeichnet unten links »M. A. Ω.«
Provenienz: Alter Bestand
Inv. 1506 Hz

WV Hofbauer 2010, S. 408, Nr. 202
Lit.: Ausst.-Kat. Schwerin 1992/93, S. 22, Kat. 8; Ausst.-Kat. Güstrow 1999a, S. 52–53, Kat. 19; Schulze 2004, S. 186–191 (zur Interpretation des Altars); Ausst.-Kat. Wittenberg 2015, S. 282, Kat. 2/32, Abb. S. 283, vgl. S. 404, Kat. 3/54; Ausst.-Kat. Wittenberg/Dessau/Wörlitz 2015, S. 242–246, Kat. 62

2 Johann Kreuter
Das Abendmahl
Entwurf für das Epitaph für Fürst Joachim von Anhalt in der Schlosskirche St. Marien in Dessau, 1564
Feder und Pinsel in Grau
262 × 199 mm
Beschnitten, rückseitig ein Brief
Bezeichnet unten links »HG (ligiert) / 64«, rechts daneben »Hanns Kräutter«
Provenienz: Alter Bestand
Inv. 1501 Hz

WV Hofbauer 2010, S. 576, Nr. 236
Lit.: Ausst.-Kat. Güstrow 1999a, S. 54–55, Kat. 20; Schulze 2004, S. 186–191 (zur Interpretation des Altars); Ausst.-Kat. Wittenberg/Dessau/Wörlitz 2015, S. 242–246, Kat. 62b

Das Blatt zeigt den Entwurf für das Epitaph von Fürst Joachim von Anhalt (1509–1561) in der Schlosskirche St. Marien in Dessau, das heute in der St. Johanniskirche zu sehen ist. In einem hohen Saal, dessen Wände von Pilastern gegliedert werden und auf der linken Seite von Fenstern durchbrochen sind, findet das Abendmahl statt. In einem nächsten Raum befindet sich eine Feuerstelle, an der eine Person gerade an einem dampfenden Kochtopf hantiert. Diese Küche ist durch einen mit Dreiecksgiebel bekrönten Rundbogen von den Speisenden an der Tafel getrennt. Die eingezeichneten Hilfslinien verdeutlichen, dass die Zeichnung streng nach Zentralperspektive konstruiert wurde. Sie treffen sich in einem Punkt rechts der Tür. Der sogenannte Augpunkt veranschaulicht, dass die Zeichnung mit einem Betrachter rechnet, der sich als Teil der dargestellten Szene versteht. Im Vordergrund sitzen die Jünger an einem querrechteckigen Tisch. Zu sehen ist der Moment, in dem Jesus Judas das Brot reicht und damit kenntlich macht, wer ihn an den Hohepriester Kaiphas verraten wird (Johannes 13,21–30). Auch wenn Michael Hofbauer 2010 erneut die Zeichnung Cranach d. J. zugeschrieben und die überlieferte Bestimmung bestätigt hat, bleibt unklar, wer das Monogramm »M. A. Ω« unten links hinzufügte. Es könnte sich um die Signatur eines Werkstattmitarbeiters handeln. Abendmahlszenen sind Teil der Passion, des Leidensweges

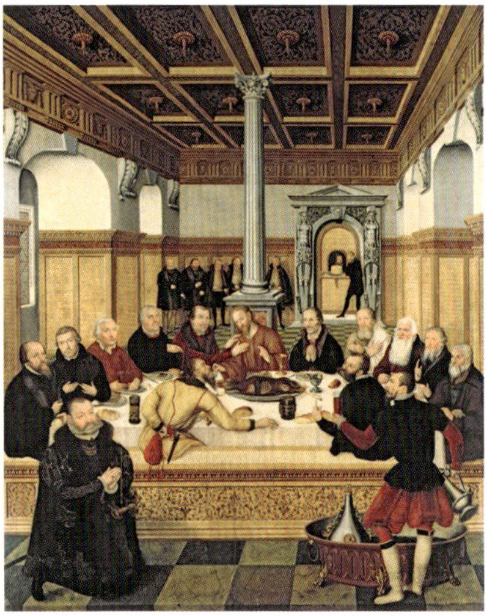

Lucas Cranach d. J., Epitaph für Fürst Joachim von Anhalt, 1565, Öl auf Holz, Schlosskirche Dessau, heute St. Johanniskirche

Christi. Der Gottessohn und die zwölf Jünger treffen sich ein letztes Mal zu einem gemeinsamen Essen. Hinter den sitzenden Jüngern stehen zwei bärtige Männer, bei dem mittig hinter dem Tisch Stehenden handelt es sich um Fürst Joachim. Er legt seine Arme beschützend um Jesus und einen Jünger.

In Schwerin existiert neben diesem ersten Entwurf Cranachs eine weitere Zeichnung zum Dessauer Epitaph. Unten links findet sich das Monogramm »HK« und die Jahreszahl »1564«. Eine fremde Handschrift daneben identifiziert im Signet den Schüler Cranachs d. J. »Hans Kreutter«, bei dem es sich um den im sächsischen Schneeberg nachweisbaren Johann Kreuter handeln könnte. Die zweite Version zeigt nun die Figuren in einer veränderten Position im Raum. Der bei Cranach d. J. leicht nach links aus der Mittelachse verschobene Fürst Joachim, der hinter Jesus und einem der Jünger steht, erscheint nun prominent vor der Szene in anbetender Haltung, bekleidet mit seinem Fürstenmantel. Mit dieser Anordnung hat sich jedoch auch die Position der Protagonisten Jesus und Judas verschoben, die nach vorne links gewechselt sind. Damit wird jedoch der Verrat des Judas in Gestalt des gefüllten Geldbeutels, der nun fast auf der Mittelachse der Zeichnung liegt, betont. Den Tischmittelpunkt nimmt bei Kreuter Fürst Georg III. von Anhalt (1507–1553) ein, der die Reformation 1534 in Dessau einführte und in engem Kontakt mit Luther und Melanchthon stand.

In der ausgeführten Abendmahlszene des Dessauer Gemäldes wurde schließlich die Komposition nochmals abgewandelt. Fürst Joachim ist links kniend dargestellt und Jesus entsprechend der gängigen Ikonographie in der Mitte der Tafel platziert, wo er durch eine Säule als Symbol seiner Macht und Herrschaft betont wird. Er reicht dem Verräter Judas das Brot über den Tisch, der wiederum dem Betrachter den prall gefüllten Geldbeutel präsentiert. Diese Veränderung wurde auch in der Zeichnung Cranachs nachträglich festgehalten.

Bezeichnend für das Dessauer Abendmahl ist, dass die Wittenberger Reformatoren mit Christus am Tisch sitzen. Es sind von links: Caspar Cruciger, Justus Jonas, Johannes Bugenhagen, Martin Luther, Fürst Georg von Anhalt, (Jesus,) Philipp Melanchthon, Johann Forster, Johann Pfeffinger, Georg Major und Bartholomäus Bernhardi. In der Tiefe des Raumes beobachten die Auftraggeber das Geschehen. Die Integration weltlicher Fürsten bedeutet, eine seit Jahrhunderten bestehende christliche Ikonographie in ein konfessionelles Bekenntnisbild zu verwandeln. Die Reformatoren und die askanischen Fürsten werden wie die Jünger mit der Aufgabe betraut, das Wort Gottes zu verkünden.

Hinzu kommen weitere Details. Bereits im Entwurf von Cranach d. J. ist im Vordergrund ein Mundschenk zu sehen, der einen Kelch füllt. Schon allein die kompositorische Anlage in der zentralen Achse des Entwurfs verdeutlicht, dass auf das Gastmahl zu Kanaan angespielt wird (Johannes 2,1–11). Da es sich um eine Darstellung handelt, zu deren Entstehungszeit die meisten der Porträtierten bereits verstorben waren, transformiert sich das Gemälde zu einem himmlischen Festmahl Jesu mit seinen Jüngern.

TPH

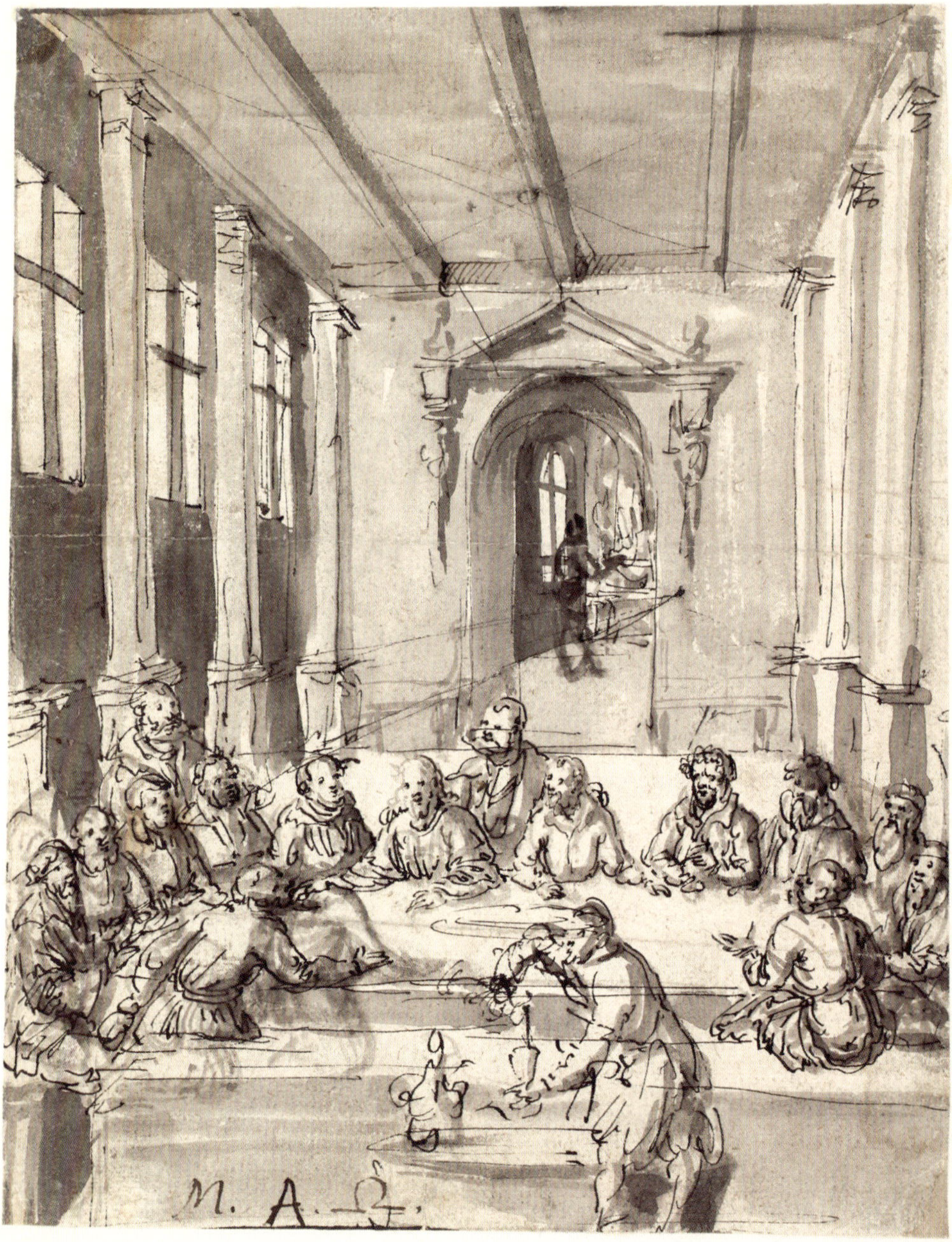

1

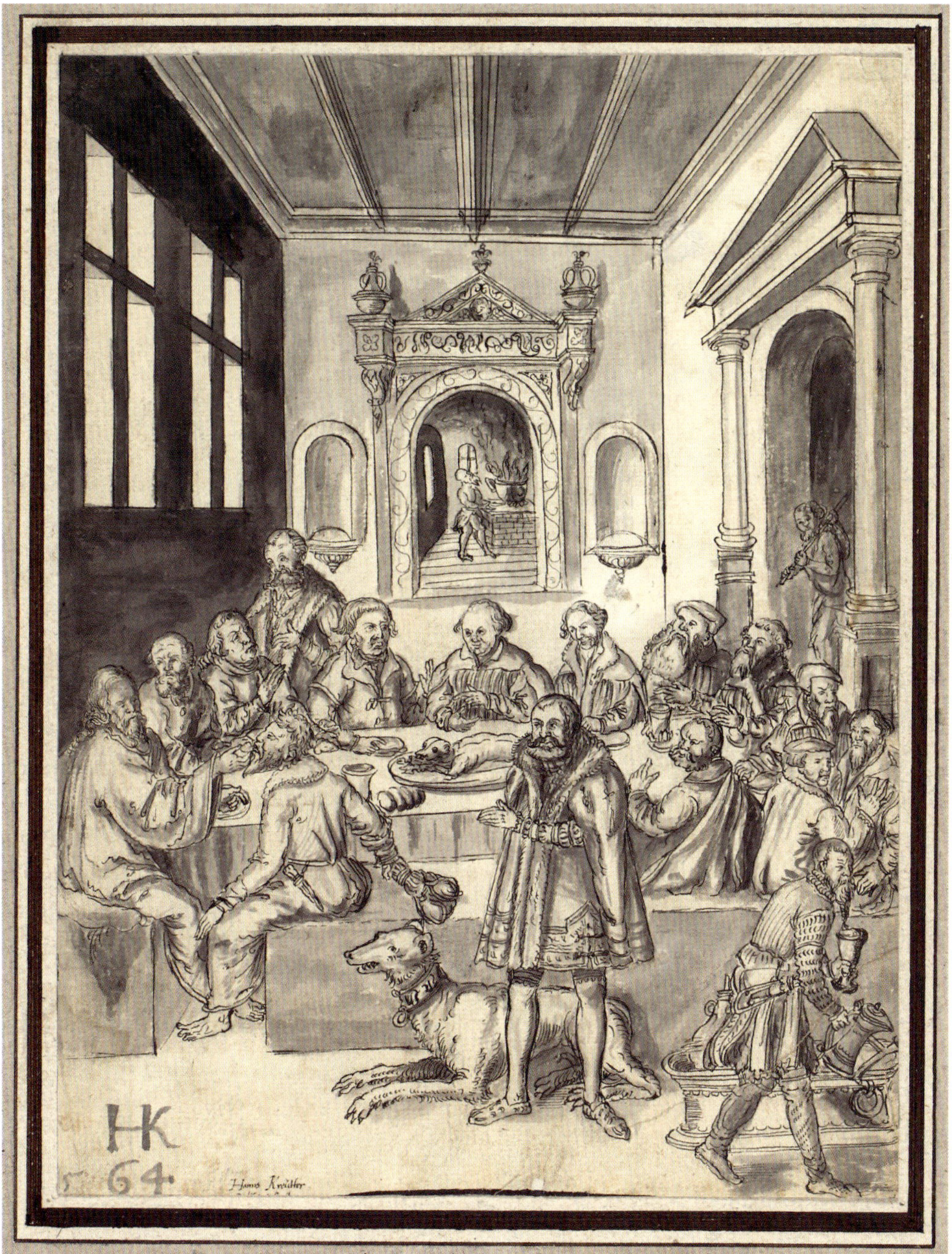

2

GEMÄLDE

3

Lucas Cranach d. Ä.
Bildnis eines bärtigen jungen Mannes mit rotem Barett, 1521
Öl auf Lindenholz
30,5 × 23 cm
Bezeichnet mit der Schlange, datiert 1521
Provenienz: Erworben zwischen 1792 und 1821
Inv. G 2484

WV Friedländer/Rosenberg 1989, S. 99, Nr. 144
Lit.: Ausst.-Kat. Basel 1974–1976, S. 687, Kat. 605; Ausst.-Kat. Schwerin 1990, S. 18–19, Kat. 5
Datenbanken: CDA: DE_SMS_G2484; Corpus-Cranach: CC-POR-810–027

Das einfühlsame Bildnis gewinnt seine Kraft aus dem knappen Anschnitt, in dem der Porträtierte gezeigt wird. Er füllt den Bildausschnitt fast vollständig aus. Der bärtige Kopf ist von einer leuchtend roten Mütze mit goldenen Schleifen bedeckt, über das goldfarbene Gewand ist ein schwerer Mantel mit breitem Pelzbesatz gelegt. Unter diesem schaut eine mehrfache Goldkette hervor. Am linken Daumen trägt der Herr einen Ring mit dunklem Stein. Obwohl stets als Bildnis eines jungen Mannes bezeichnet, ist das bärtige Gesicht mit den vollen braunen Haaren kaum für einen 22jährigen vorstellbar. So entstand eine Unsicherheit über die Bedeutung der Beschriftung auf dem neutralen schwarzen Grund. Meinen die beiden Z-förmigen Ziffern links, unter dem Schlangensignum des Malers, tatsächlich das Alter des Dargestellten? Warum erscheint die 15 oben links etwas größer als die 21 oben rechts, die man gerne als Datum gemeinsam lesen möchte? Wie dem auch sei, die Bildformel des großformigen Porträts, das den gesamten Oberkörper samt Händen zeigt, hatte Lucas Cranach bereits um 1515 entwickelt, so dass die Datierung 1521 stilistisch befriedigt.

Leider ist auch die dargestellte Person unbekannt. Mehrere Vorschläge sind gemacht worden. Wenig Überzeugungskraft besitzt der Versuch von Wiebke Schaich-Klose, wegen der Form des Daumenringes und einem Wappenvergleich, den Wittenberger Rechtsgelehrten Hieronymus Schurff (1480–1554) erkennen zu wollen.[1] Konrad von Rabenau hat vermittels der physiognomischen Gegenüberstellung mit einem Bildnis Cranachs in Paris, das Caspar von Köckeritz (gest. 1567) zeigt, diesen Höfling Friedrichs des Weisen angenommen,[2] während jüngst Christoph Wilhelmi in einer Internetpublikation den adligen Studenten Joachim von Podewils (1499–1551) allein aufgrund des Geburtsjahrs zu identifizieren glaubt.[3] Bis zum Fund besserer Belege oder Quellen muss dieser Punkt weiter offen bleiben.

Das Bildnis ist eines der eindrucksvollsten unter den in Mecklenburg befindlichen Werken Cranachs. Eigentümlicherweise wurde auch über seine Erwerbung bisher nichts bekannt. Es wird erstmals im Ludwigsluster Galeriekatalog von 1821 genannt. Kurios ist

1 Schaich-Klose 1967, S. 38–40.
2 Rabenau 1988, S. 101.
3 http://www.renaissance-port.de/katalog/18-cranach/94-joachim-von-podewils.html (Zugriff am 7.2.2017).

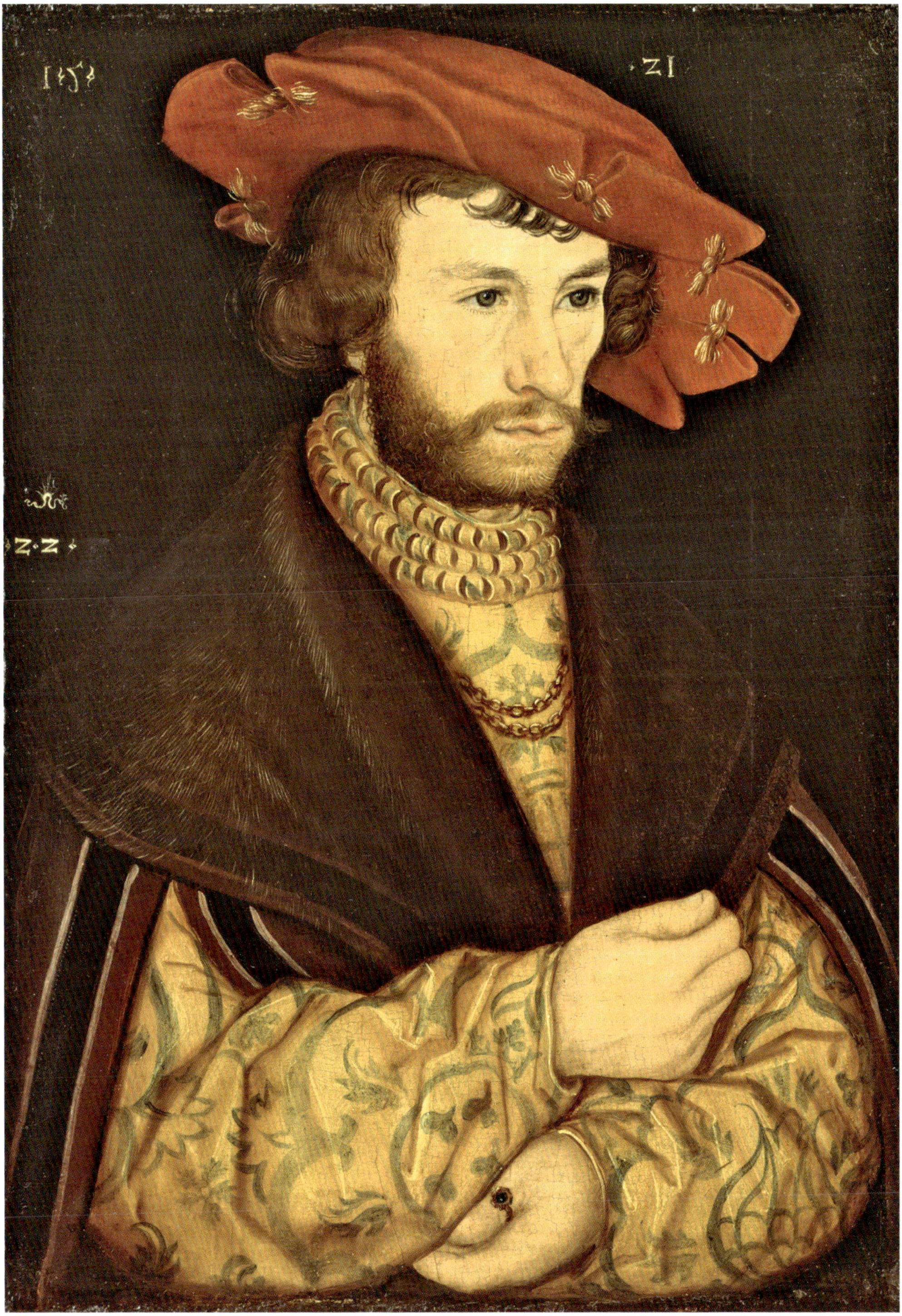

3

die Bemerkung des Engländers George Downes, der im folgenden Jahr notierte: »Porträt im alten holländischen Stil. Kranack.«[4]
GS

4 Lucas Cranach d. Ä.
Bildnis Martin Luther, 1526
Öl auf Holz
19,5 × 13,5 cm
Bezeichnet oben links mit der Schlange, datiert 1526
Provenienz: Erworben zwischen 1863 und 1868 vom Buch- und Kunsthändler Otto Gundlach, Rostock
Inv. G 2489

WV Friedländer/Rosenberg 1989, S. 108, Nr. 189–190A
Lit.: Ausst.-Kat. Schwerin 1990, S. 19, Kat. 6a
Datenbanken: CDA: DE_SMS_G2489; Corpus-Cranach: CC-POR-510–022

5 Lucas Cranach d. Ä.
Bildnis Katharina von Bora, 1526
Öl auf Holz
19,5 × 13,5 cm
Bezeichnet oben rechts mit der Schlange, datiert 1526
Provenienz: Erworben zwischen 1863 und 1868 vom Buch- und Kunsthändler Otto Gundlach, Rostock
Inv. G 2488

WV Friedländer/Rosenberg 1989, S. 108, Nr. 189–190A
Lit.: Ausst.-Kat. Schwerin 1990, S. 19, Kat. 6b
Datenbanken: CDA: DE_SMS_G2488; Corpus-Cranach: CC-POR-520–006

1523 heiratete der ehemalige Augustinermönch Martin Luther die ehemalige Zisterzienserin Katharina von Bora. Sein Freund Philipp Melanchton (1497–1560), der nicht zur Hochzeit geladen worden war, hielt dies für eine politisch »unglückliche Tat«. Kurz darauf malte Lucas Cranach d. Ä. die ersten Bildnispaare der Eheleute, Luther stets mit unbedecktem Haupt, Katharina mit schlichter, aber modisch geschnittener Kleidung. Sie wurden von Luther als Geschenke verwendet.

Das Schweriner Bildnispaar wird als eigenhändige Arbeit Cranachs eingeschätzt. Dagegen spricht nicht, dass auf beiden Tafeln auch mit bloßem Auge sichtbare Umrisslinien unter den Gesichtern liegen, die vermutlich zum Übertragen der feststehenden Komposition auf die Tafel gedient haben. Es existieren mehrere Fassungen in gleichem wie auch in größerem Format. Möglicherweise sind die größeren Tafeln als die ursprünglichen Bildnisse anzusehen. All dies schließt die Eigenhändigkeit keineswegs aus, doch muss bei einem Maler-Unternehmer, wie Cranach es war, die Werkstatt zumindest bei der Vorbereitung der Gemälde beteiligt gewesen sein.

Kristina Hegner hat darauf hingewiesen, dass Luther sich mit den Vermählungsbildern in eine bestehende Tradition stellt. Bei aller Schlichtheit von Kleidung und Ausdruck knüpft gerade die Arm- und Handhaltung der Frau an Darstellungen sächsischer

Hofdamen an. Wie bei allen übrigen Luther-Bildnissen, und vielleicht bei Bildnissen dieser Zeit überhaupt, handelt es sich auch hier nicht um Werke, die einen persönlichen Wunsch nach Erinnerung erfüllten, sondern um mehr oder weniger subtile Propaganda. Sie hatten der Sache des Reformators zu dienen.

Die beiden qualitätvollen Tafeln sind keine in den fürstlichen Sammlungen überlieferten Stücke, die von der Reformation in Mecklenburg erzählen. Vielmehr wurden sie erst 1865 von dem Rostocker Antiquariats-Buchhändler Otto Gundlach für die großherzoglichen Sammlungen erworben.[5] Damals bestand schon der Plan, ein großherzogliches Museum zu gründen und Intendant Eduard Prosch bemühte sich darum, die in den fürstlichen Sammlungen fehlenden Abteilungen, vor allem der altdeutschen, altniederländischen und italienischen Malerei, durch gezielte Ankäufe zu ergänzen. In diesem Fall gelang ihm eine substantielle Bereicherung des Bestands.

GS

4 Downes 1822, S. 117, Nr. 16: »Portrait, in the old Dutch style. Kranack«.

5 22.6.1865, für zus. 130 Thaler: LHAS, 2.12–1/26, Hofstaatssachen, VI. Kunstsammlungen, Sachakten, Nr. 302b, Belege 1864/65, Nr. 67.

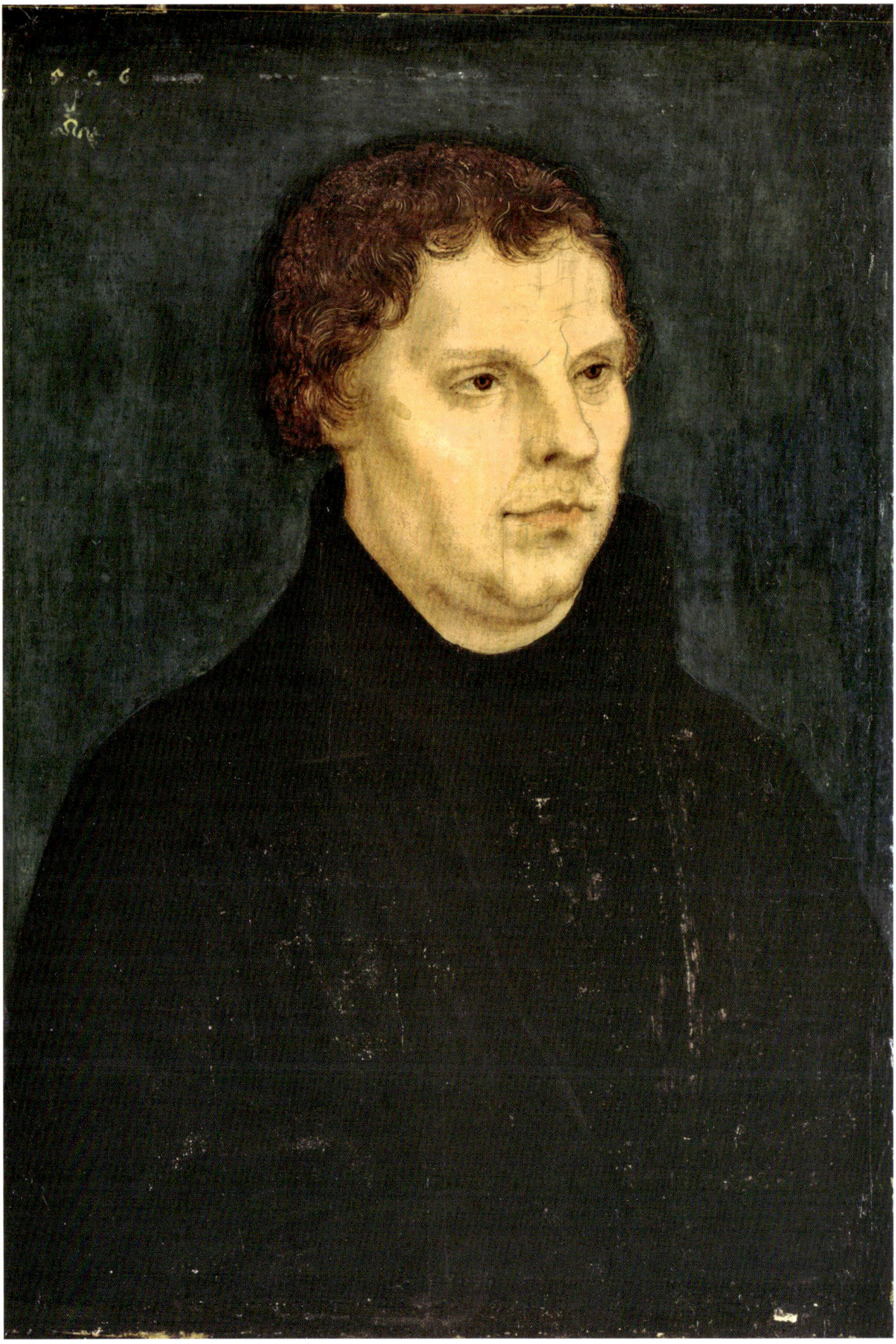

4

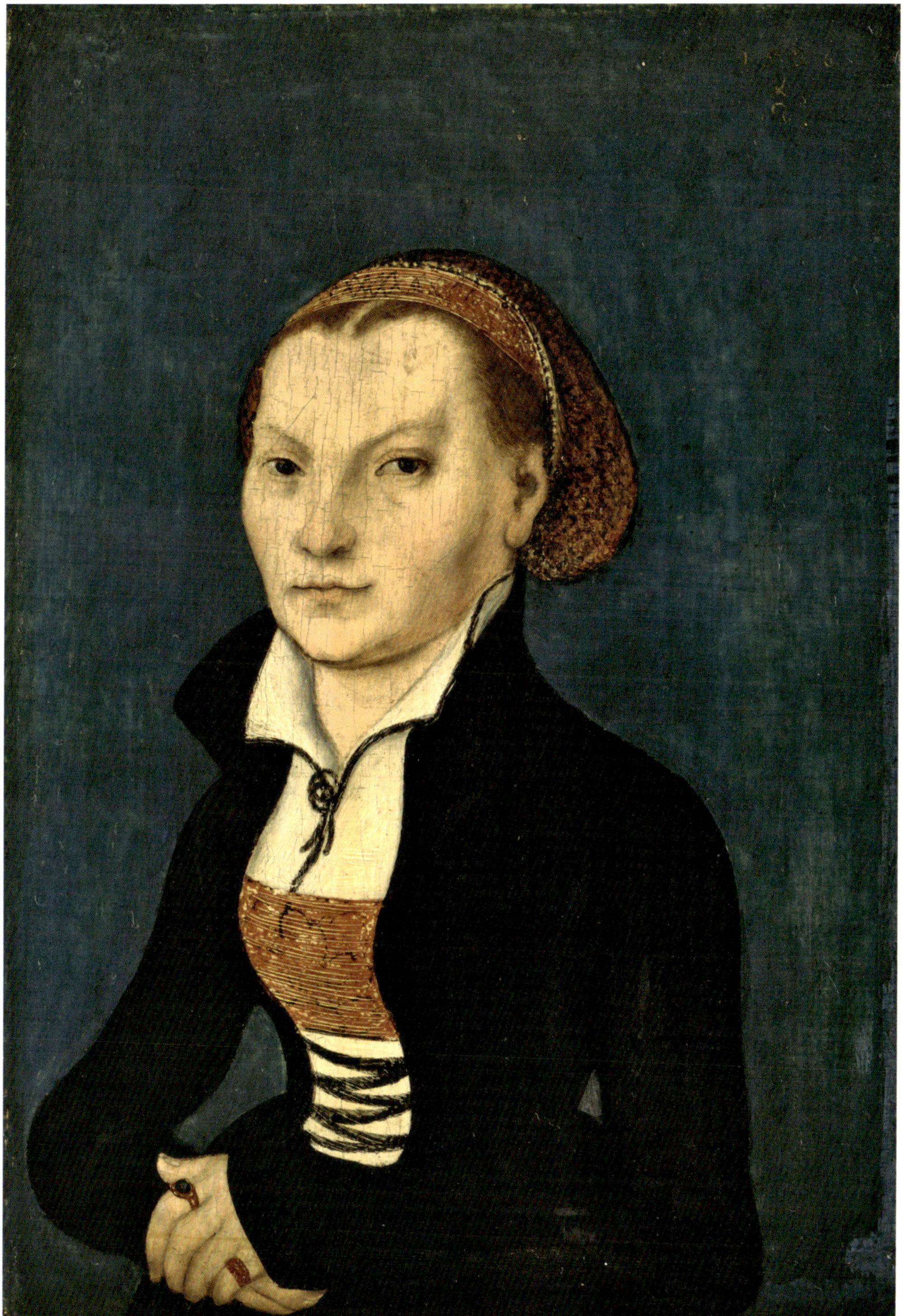

5

6 Werkstatt Lucas Cranachs d. Ä. oder Kopie nach Lucas Cranach d. Ä.
Madonna unter dem Apfelbaum, 1526
Mischtechnik auf Lindenholz (?)
128,5 × 89 cm (mit Rahmen)
Bezeichnet mit der Schlange mit aufgerichteten Flügeln, datiert Mitte links 1526
Provenienz: Leihgabe oder Schenkung des Grafen Voß an die Kirche Groß Giewitz; 1939–1941 zur Restaurierung im Kaiser-Friedrich Museum, Berlin; Preußisches Staatsministerium Berlin; 1942 luftschutzsichere Einlagerung im Kaiser-Friedrich-Museum, Berlin; 1949 Oberkirchenrat Schwerin; 1972–1974 Staatliche Kunstsammlungen Weimar (Restaurierung), seit 1988 im Staatlichen Museum Schwerin[6]
Eigentum der Ev.-Luth. Kirchgemeinde Groß Giewitz
Inv. FE 171

Nicht im WV Friedländer/Rosenberg 1989
Lit.: Schlie 1902, Bd. 5, S. 371; Thöne 1965, Abb. S. 7; Ausst.-Kat. Weimar 1972, S. 108, Kat. 12 und Abb. S. 17; Ausst.-Kat. Basel 1974–1976, Bd. 2, S. 259; Ende 1975, S. 109, 137; Ausst.-Kat. Berlin 1980, S. 44–45, Nr. 9B; Ausst.-Kat. Güstrow 1999a, S. 34, Kat. 10
Datenbanken: CDA: DE_GG_SMS_FE171; Corpus-Cranach: CC-CMM-100–091

In den Zweigen des Apfelbaums pflückt ein Engel die reifen Früchte, ein anderer liest sie vom Boden auf, ein dritter beißt hungrig hinein. Daneben sitzt die Madonna im Typus der »Maria auf der Rasenbank«. Es sind diese Marienfiguren, an denen sich, wie Berthold Hinz bemerkt, »der unverwechselbare Modus Cranach'scher Weiblichkeit« ausbildet.[7] Ehrerbietig reicht ein Engel dem Jesuskind einen Apfel als Symbol des Sündenfalls und der Erlösung durch die Menschwerdung Christi. In einer tieferen Raumschicht tummeln sich fünf weitere Putti um ein Bassin. Ein Fels schirmt die paradiesische Idylle des *hortus conclusus* von einer delikat gemalten weltlichen Stadtlandschaft ab. Die Fülle marianischer und christologischer Verweise belegt das Fortbestehen tiefer Marienverehrung auch im reformatorischen Wittenberg, vermischt mit antikischen, dem humanistischen Geist der Universitätsstadt verpflichteten Anspielungen.

Das Motiv der Heiligen Familie an einer Quelle und die Tätigkeiten der Engelkinder – Trinken, Wasserschöpfen, Schlummern – sind bereits auf Cranachs Berliner *Ruhe auf der Flucht* von 1504, auf einem Holzschnitt gleichen Titels von 1509 und auf der *Heiligen Familie* von 1510/12 in Dessau ausformuliert. Diese Werke sind künstlerisch noch der Donauschule verpflichtet, während das Groß Giewitzer Bild Cranachs Wittenbergstil angehört. Cranachs *Madonnen unter dem Apfelbaum*, zumeist entstanden um 1530 (Darmstadt 1525; Moskau und St. Petersburg 1531; Karlsruhe um 1535), nehmen Bezug auf das mittelalterliche typologische Konzept der Maria als neuer Eva – eine Vorstellung, die Luther grundsätzlich ablehnte.[8]

Vermutlich ein Zypressenbusch bildet als Marienpflanze den Nimbus der Jungfrau – ein bei Cranach wiederkehrendes Motiv italienischer Herkunft. Das Wasserbecken verweist auf Maria als *fons signata* (versiegelter Born), *fons hortorum* (die Quelle im Garten), als *puteus aquarum viventium* (Lebensbrunnen). Selbst in der glatten Wasseroberfläche des Brunnens kann man ein Mariensymbol erkennen: den fleckenlosen Spiegel oder den

6 Freundliche Hinweise von Herrn Hans-Rudolf Hermannsen am 18.8.2005.
7 Hinz 2003, S. 56.
8 Siehe Tacke 2007b, hier S. 85.

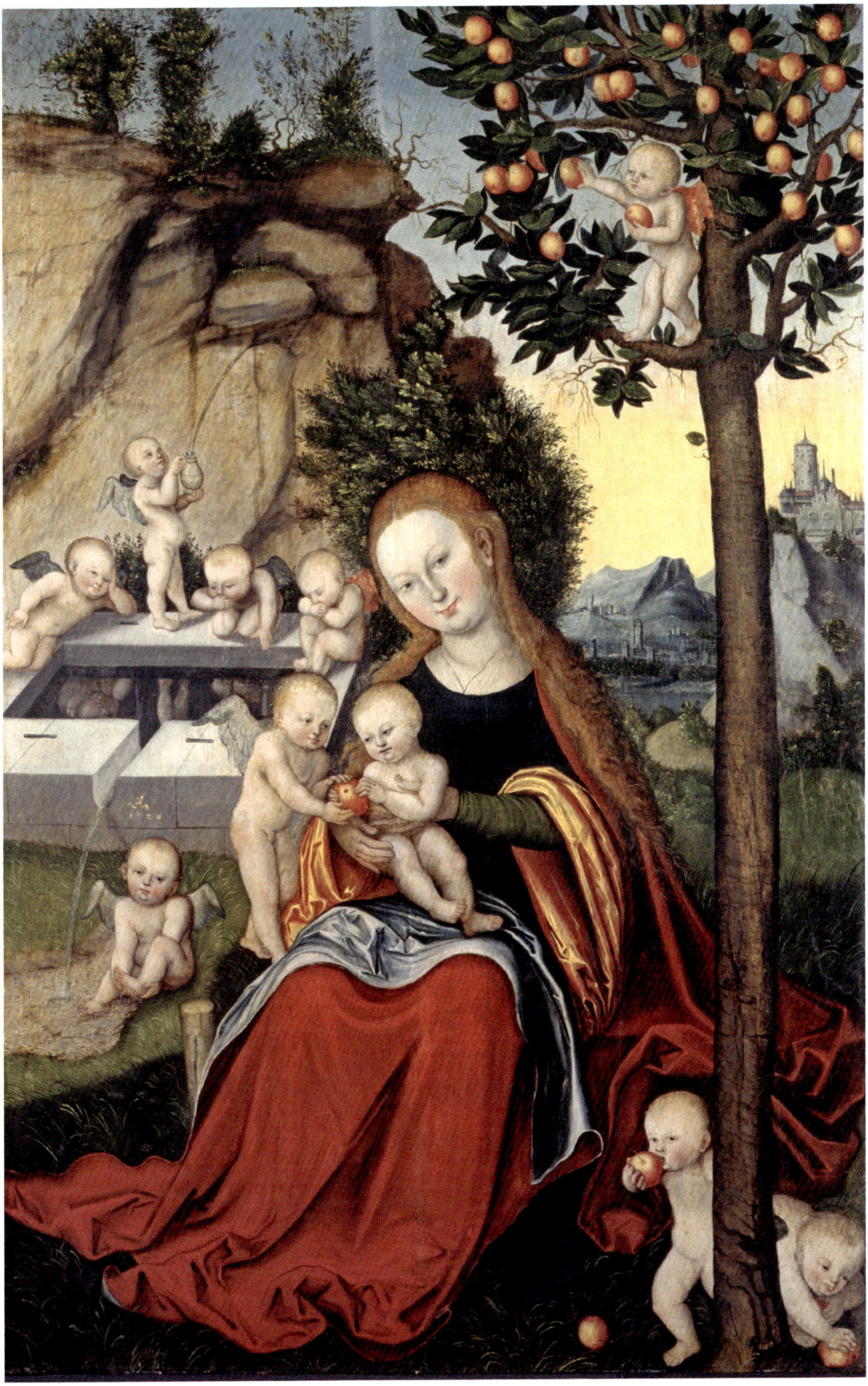

6

Spiegel der Gerechtigkeit. Christus, dessen aus der Seitenwunde austretendes Blut die Erlösung brachte, ist der Quell ewigen Lebens, aus dem der Gläubige wie die Putti schöpfen darf. Zugleich mögen die kindlichen Aktivitäten am Brunnen auf die protestantische Kindtaufe verweisen, mit deren Bekräftigung sich Luther gegen die Wiedertäufer wandte. Ein Bild wie dieses richtete sich gleichermaßen an eine protestantische wie an eine katholische Käuferschicht.

Die Engel als munterer Hofstaat des Jesuskindes – als solcher eine Erfindung Cranachs – sind Nachfahren antiker Eroten. Ihre Haltungen sind antiken Vorbildern entliehen: der Putto vor dem Brunnen der des kapitolinischen Dornausziehers und der wie ein antiker Flussgott Lagernde adaptiert die Position von Cranachs Quellnymphen.

Die Komplexität der Darstellung und die Kombination unterschiedlicher Cranach'scher Motive sind Hinweise darauf, dass das Werk auf Cranach d. Ä. selbst zurückgeht, ausgeführt in seiner Werkstatt oder, wahrscheinlicher, wie Dieter Koepplin vermutet, als zeitgenössische Kopie eines verlorenen Gemäldes.[9]
RE

7 Lucas Cranach d. Ä.
Venus und Amor als Honigdieb, 1527
Öl auf Buchenholz
83 × 58,2 cm
Bezeichnet unten links am Stamm mit der Schlange, datiert 1527
Provenienz: Erworben 1851 aus dem Nachlass des Schweriner Galeriedirektors Friedrich Lenthe
Inv. G 199

WV Friedländer/Rosenberg 1989, S. 119, bei Nr. 246A falsch aufgeführt, gehört motivisch zu Nr. 245
Lit.: Ausst.-Kat. Weimar 1972, S. 108, Kat. 13 und Abb. S. 27; Ausst.-Kat. Basel 1974–1976, Bd. 2, S. 656, Kat. 570, Abb. 321; Ausst.-Kat. Schwerin 1990, S. 19–20, Kat. 7; Ausst.-Kat. Hamburg 2003, S. 179
Datenbanken: CDA: DE_SMS_G199; Corpus-Cranach: CC-MHM-600–041

Venus steht mittig vor einem Landschaftshintergrund. Alles an ihr ist Verführung: der feinmalerisch behandelte Akt, dessen Reiz von einem modischen Hut und einem Halsband gesteigert wird – wodurch sich die antike Göttin in eine zeitgenössische Frau verwandelt –, der aus mandelförmigen Augen auf den Betrachter gerichtete Blick und der Griff in den Apfelbaum, der zum Sündenfall zu verlocken scheint. Die ornamental konturierte Figur vereint Reminiszenzen der Gotik mit der manieristischen *figura serpentinata* und entspricht damit höfischem ästhetischen Empfinden. Von der Mutter unbeachtet steht links der von Bienen gepeinigte Amorknabe mit der gestohlenen Wabe. Die Inschrifttafel im Baum stört das Zwiegespräch des Betrachters mit der Liebesgöttin ebenso wie der greinende Amor, denn der mahnende Text lautet: »DVM PVER ALVEOLO FVRATUR MELLA CVPIDO FVRANTI DIGITVUM CVUSPIDE FIXIT APIS SIC ETIAM NOBIS BREVIS ET PERITVURA VOLVPTAS QVAM PETIMVS TRISTI MIXTA DOLORE NOCET« (Der junge Cupido stahl Honig aus einem Bienenstock, da stach eine Biene ihn in den Finger. So ist es für uns: Die kurzen und flüchtigen Freuden, die wir

9 Ausst.-Kat. Basel 1974–1976, Bd. 2, S. 529, erneut mündlich im April 2003.
10 Zitiert nach Ausst.-Kat. Hamburg 2003, S. 120.

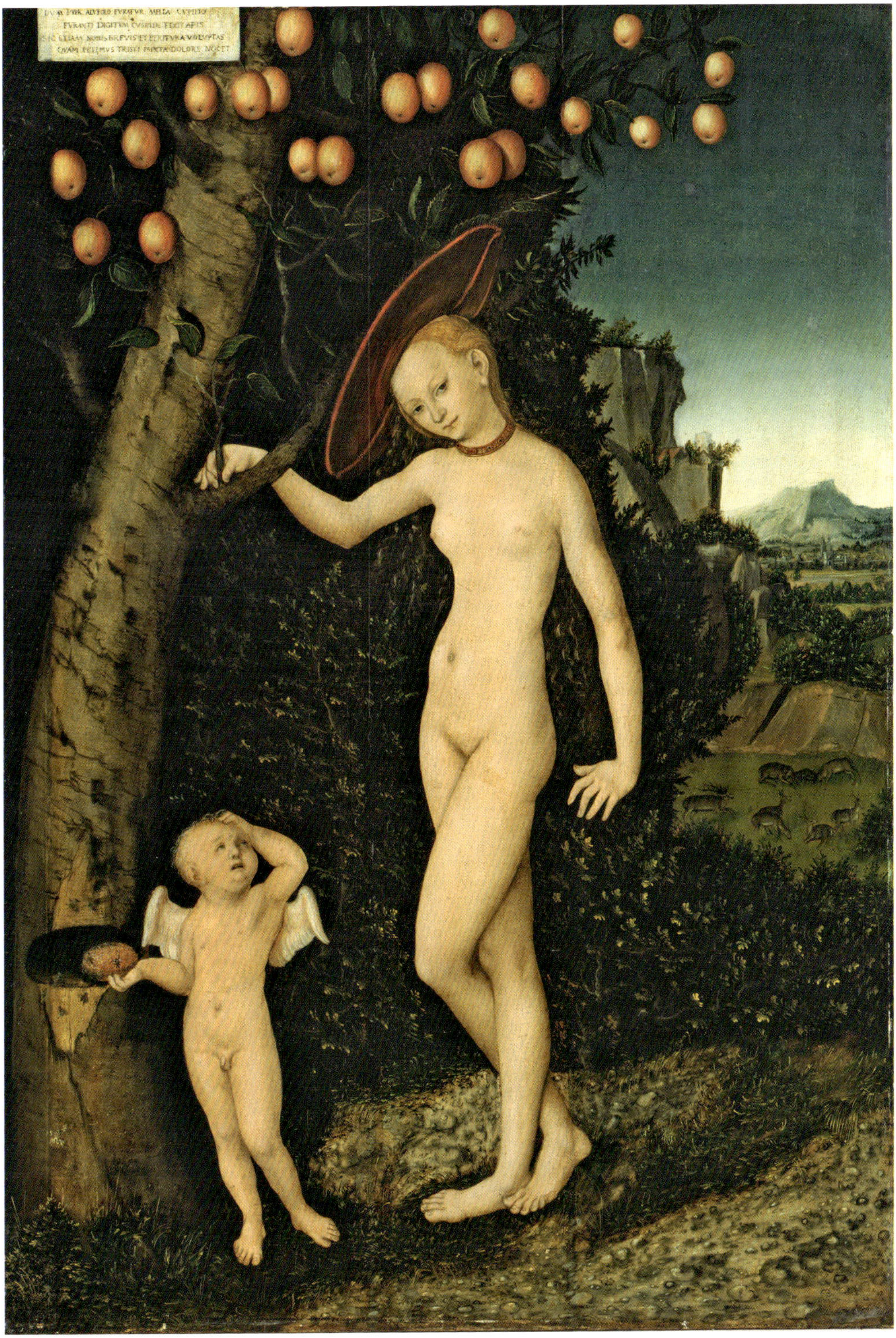

7

erstreben, werden begleitet von elenden Schmerzen, die uns Schaden zufügen[10]). Die Darstellung bezieht sich auf Theokrits *Idyll* Nr. XIX, das u. a. von dem in Wittenberg lehrenden Graezisten Philipp Melanchthon ins Lateinische übertragen wurde. Er wird auch als Lieferant für die Zeilen der Inschrifttafel in Betracht gezogen.[11]

Cranach d. Ä. zählt mit seiner Werkstatt europaweit zu den »erfolgreichsten Aktspezialisten der Epoche«.[12] Von den Honigdieb-Fassungen sind knapp 30 der vielleicht ursprünglich 120 bis 270[13] erhalten. Das Sujet taucht zunächst 1514 auf einem Aquarell Albrecht Dürers (1471–1528) auf und lässt sich bei Cranach seit 1526 nachweisen. Damit ist das Schweriner Bild eines der frühesten. Derartige erotische Stoffe waren in Italien in fürstlichen Schlafzimmerdekorationen, auf Hochzeitstruhen und durch Cranach selbst am bemalten Brautbett für Herzog Johann (1513)[14] eingeführt.

Für die Honigdieb-Bilder mit immer gleicher Inschrift bietet sich sowohl eine moralische Botschaft im Sinne einer Sittenlehre als auch eine lutherische Auslegung an. Hanne Kolind Poulsen deutet die Darstellung als »Merckbild« zu Luthers These einer permanenten Wahlsituation zwischen einerseits dem alttestamentlichen Bund des Gesetzes, wonach der Mensch in Sünde und Verdammnis gefangen sei, und andererseits dem neutestamentlichen Evangelium und dem Glauben, welche zur Erlösung führen. Jedoch trifft die Entscheidung nicht der Mensch, sondern Gott.[15]

Ein Bild wie dieses war vor allem für eine höfische Klientel bestimmt, unterhaltend und belehrend. Es transportierte als Fürstenspiegel die Aufforderung zu sittlichem Verhalten in der Ehe sowie die ideelle Liebe zur Weisheit. Ein Indiz dafür ist das Rotwild beiderlei Geschlechts im Mittelgrund, in einer Anlage, die an fürstliche Hirschgräben erinnert. Der Hirsch – fester Bestandteil auf Cranachs Sündenfalldarstellungen – steht seit dem Mittelalter für Keuschheit, gottgefälliges Leben und ist zugleich Christussymbol. Hirsche und Hirschkühe in Gemeinschaft symbolisieren das Ideal der ehelichen Verbindung zwischen Fürst und Fürstin. Der Darstellung wohnt vielleicht auch das in der Renaissance beliebte *paragone*-Konzept inne: Wer wird siegen? Die in Epigramm und Symbol gekleidete Moral, also das geistige Begehren, oder aber die visuell erfahrbare Schönheit, Sinnenlust und letztlich die Macht der Malerei?
RE

11 Zuerst Bauch 1894. Siehe weiterhin Foister 2003, S. 120–123.

12 Hinz 2003, S. 97.

13 Poulsen 2003, S. 141, Anm. 15.

14 Siehe dazu Hinz 2003, S. 54–55.

15 Poulsen 2003, S. 237–239.

8 Lucas Cranach d. J. oder Werkstatt Lucas Cranachs d. J.
Judith mit dem Haupte des Holofernes, nach 1537
Öl auf Holz, auf Leinwand übertragen
89,5 × 70 cm
Provenienz: Erworben zwischen 1851 und 1863 von Herrn von Kamps
Inv. G 201

WV Friedländer/Rosenberg 1989, S. 141–142, bei Nr. 359B falsch aufgeführt, gehört motivisch zu Nr. 360
Lit.: Straten 1983; Ausst.-Kat. Schwerin 1990, S. 21, Kat. 12; Ausst.-Kat. Güstrow 1999a, S. 40, Kat. 13
Datenbanken: CDA: DE_SMS_G201; Corpus-Cranach: CC-BAT-181-016

Der Kampf der israelitischen Judith gegen die assyrischen Belagerer wird im apokryphen Buch Judith des Alten Testaments erzählt, das Luther in seine Bibelübersetzung integrierte. Judith ist dort als gottesgläubige und wohlhabende Witwe geschildert, die ihrem Volk in der Bedrängnis zu Hilfe eilt. Gemeinsam mit ihrer Magd geht sie festlich gekleidet zur feindlichen Armee des Königs Nebukadnezar und täuscht vor, aufgrund einer göttlichen Offenbarung im Traum überlaufen zu wollen. Die zwei Frauen werden aufgenommen und bleiben im Lager. Am vierten Tag veranstaltet der Feldherr Holofernes ein Fest, zu dem er auch die schöne Judith einlädt, um sie für sich zu erobern. Sie essen und feiern, bis Judith schließlich den betrunkenen Holofernes zu Bett bringt. Gott um Hilfe anflehend, enthauptet sie ihn mit seinem eigenen Schwert. Danach kehren die beiden Frauen heimlich mit dem in einem Tuch verborgenen Kopf in die Stadt Bethulia zurück. Am anderen Morgen wird das Haupt Holofernes' an der Stadtmauer den feindlichen Assyrern gezeigt, die daraufhin fliehen.

Cranach zeigt die schöne Israelitin in einem kostbaren patrizischen Gewand des 16. Jahrhunderts, geschmückt mit Goldstickereien, und einem Diadem aus Edelsteinen und Perlen. Vor einem Tuch, das sie wie eine Madonna hinterfängt, präsentiert sie dem Betrachter das Ergebnis ihrer grausigen Tat. Der Erfolg des Gemäldes beruht wesentlich auf dem Kontrast zwischen der eleganten jungen Frau und ihrer ekelerregenden Trophäe. Weder stolz noch überheblich, sondern demütig und entschlossen hält sie ebenfalls das Schwert als Werkzeug, mit dem sie ihr Volk von den Feinden befreite.

Diese Geschichte wurde in der Reformationszeit häufig dargestellt. Für Luther war die junge Witwe die Verkörperung des Kampfes des rechten Christentums gegen die Heiden, Ausdruck des Sieges der Tugenden gegen das Laster. Judith steht für die Eigenschaften von Bescheidenheit und Beständigkeit gegen Wollust und Hochmut. Nicht zufällig eröffnet gerade die Beigabe des Schwertes eine bildliche Parallele zur Personifikation der Gerechtigkeit (Justitia). Dementsprechend wählte sie der Schmalkaldische Bund, zu dem der sächsische Kurfürst gehörte, als Schutzpatronin gegen den Kaiser und die katholischen Stände. Cranachs erste Ausführungen des Themas lassen sich für das Jahr 1530 nachweisen, als es eine landespolitische Bedeutung bei den religiösen Auseinandersetzungen erhielt. Den außerordentlichen Erfolg seiner Tafeln belegen die vielen erhaltenen Versionen und Kopien.

TPH

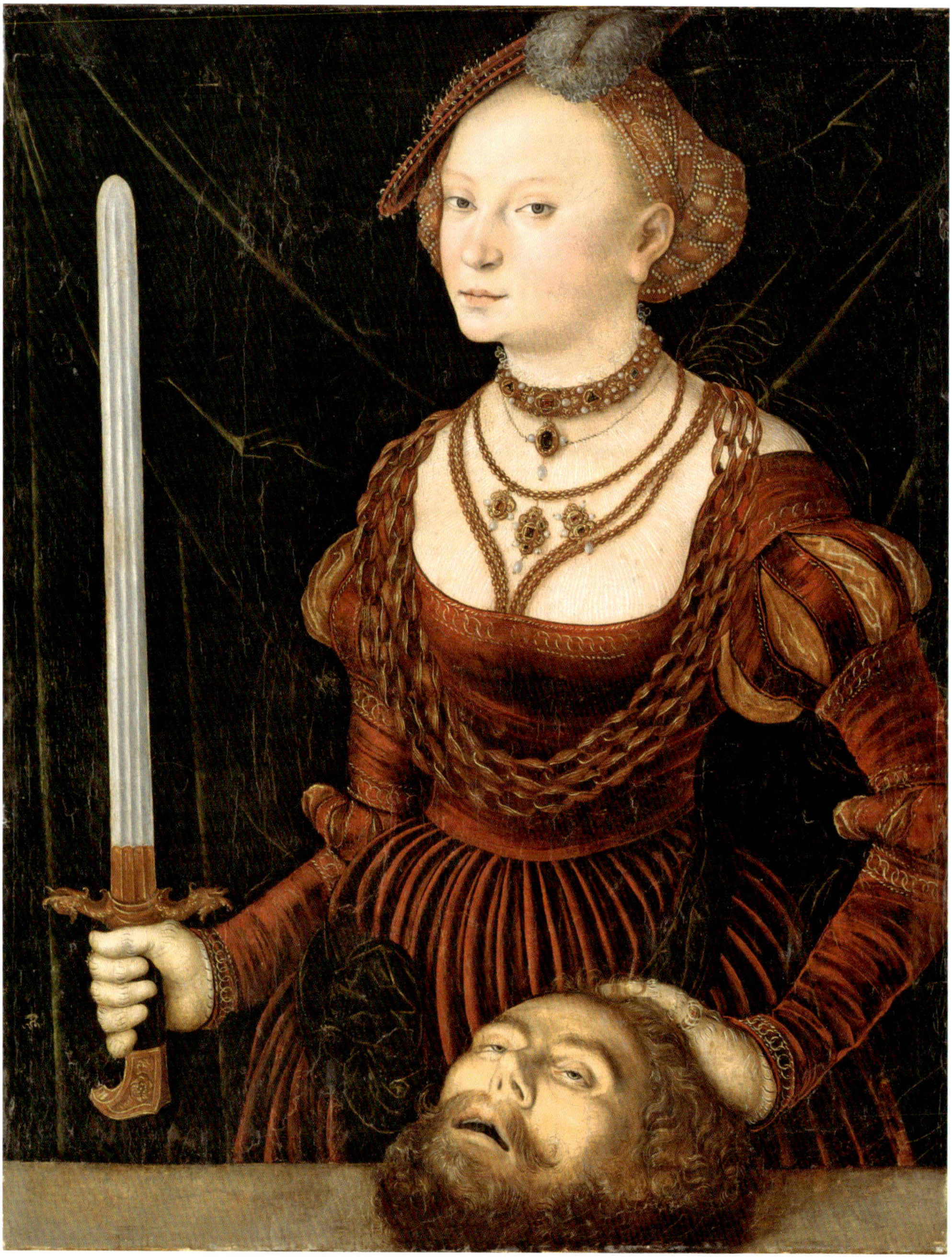

8

9 Werkstatt Lucas Cranachs d. Ä.
Maria mit dem sie umhalsenden Kinde, nach 1537
Öl auf Holz
61 × 42,5 cm
Provenienz: Erworben vor 1863 (vermutl. 1846) von Herrn von Gloeden, Bützow
Inv. G 575

WV Friedländer/Rosenberg 1989, S. 87–88, Nr. 87–89; S. 102–103, Nr. 158–163 (Abb.); S. 150, Nr. 393 (Abb., ähnlicher Typus)
Lit.: Ausst.-Kat. Schwerin 1990, S. 21, Kat. 11; Ausst.-Kat. Güstrow 1999a, S. 38, Kat. 12; Ausst.-Kat. Frankfurt 2007, S. 244–245, Kat. 62 (Vergleich); Tacke 2007b, S. 80, 82, Abb. 1 (Vergleich)
Datenbanken: CDA: DE_SMS_G575

Das Gemälde zeigt die Muttergottes mit dem Christusknaben auf dem Schoß. Sie sitzt nach links gewandt und neigt den Kopf dem Kind zu, während sie Blickkontakt mit dem Betrachter aufnimmt. Sie trägt einen weinroten Umhang, der die kleine Zweiergruppe sanft mit ein- und ausschwingenden Faltenwürfen umkreist, so dass eine ruhige, in sich geschlossene Szene entsteht, die sich effektvoll vor dem dunklen Hintergrund abhebt. Der kleine Jesus schaut seine Mutter an und reckt beide Arme nach ihr. Eine intime und innigliche, sich liebevoll hinwendende Atmosphäre bestimmt das Gemälde.

Das Motiv existiert innerhalb des Œuvres der Cranach-Werkstatt in vielen Varianten, doch folgt das Schweriner Werk sehr genau der Cranach-Madonna in der Domkirche St. Jakob in Innsbruck. Dort hat das Gemälde einen herausragenden Platz. Es findet sich an zentraler Position des von dem Fürstbischof von Brixen in den 1720er Jahren gestifteten barocken Hochaltars, der das Werk in einen aus Gold und Silber getriebenen Strahlenkranz mit Engelsköpfen integrieren ließ.

Kurfürst Johann Georg I. von Sachsen (1585–1656) schenkte das Innsbrucker Madonnenbild dem Fürstbischof von Passau und Erzherzog von Österreich, einem Bruder Kaiser Ferdinands II. Bald entwickelte sich eine Wallfahrt zu dem Bild und es entstand »Mariahilf ob Passau«. 1619 kam Cranachs Madonnengemälde in die St. Jakobskirche in Innsbruck. Es ist eines der meistverehrten Marienbilder im süddeutschen und österreichischen Raum. Dementsprechend häufig wurde es kopiert. Zahlreiche Versionen finden sich in Kapellen, Kirchen oder an Hausfassaden. Die Diözese Innsbruck nutzte das zur Ikone gewordene Gemälde gar für eine Briefmarke im Jahr 1989. Das Schweriner Gemälde ist eine sehr getreue Wiederholung des Innsbrucker Heiligenbildes.

Der große Erfolg von Cranachs Tafel lässt sich einerseits mit der inniglich und zärtlich geschilderten Beziehung zwischen Jesus und Maria erklären, andererseits steht das Motiv in der Tradition byzantinischer Marienikonen. Seine Ursprünge sind in einem verloren gegangenen Gnadenbild zu suchen, das als *Eleusa* oder *Glykophilusa* (süß Küssende) bezeichnet wird und der Archetyp für ein Madonnenbild des 13. Jahrhunderts im makedonischen Pelagonia war, das als *Pelagonitissa* Berühmtheit erlangte. Über Venedig, Italien und auch Böhmen gelangte der Ikonentyp nach Europa, wo im 15. und frühen 16. Jahrhundert sehr erfolgreich byzantinisierende Madonnenbilder, unter anderem auch von Cranach, hergestellt wurden. Sie dienten häufig der persönlichen Andacht. Daher handelt es sich meist um kleinformatige Werke, die auch zusammen mit einer Darstellung des Schmerzensmannes (*imago pietatis*) als Diptychen existieren. Die Täfelchen erlaubten dem Gläubigen eine Versenkung in die Menschwerdung Christi und dessen Passion. Denn die Muttergottes denkt angesichts des kleinen Jesusknaben über das zukünftige Leiden ihres Kindes

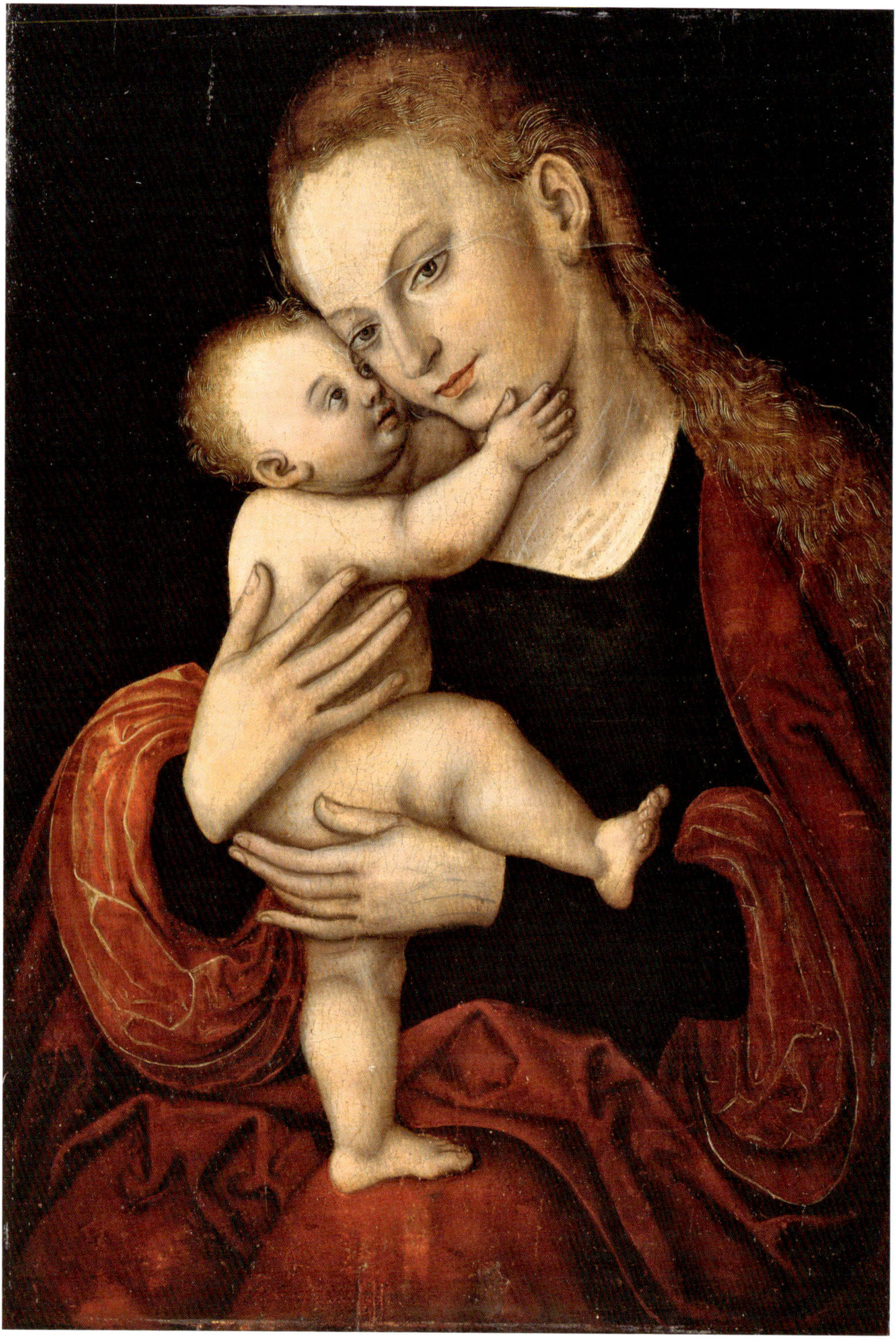

9

nach. Der Gläubige sollte das Geschehen nicht nur nacherleben, sondern Erbarmen für den Erlöser empfinden. Die Tafel ist ein Beispiel für den enormen Erfolg der Cranach-Werkstatt nicht nur auf protestantischem, sondern auch auf katholischem Glaubensgebiet.
TPH

10 Werkstatt Lucas Cranachs d. Ä. oder Lucas Cranach d. J. oder Werkstatt Lucas Cranachs d. J.
Anbetung des Christkindes, um 1540/50
Öl auf Lindenholz
76 × 56 cm
Bezeichnet an der Fensterrahmung, parkettiert
Provenienz: Gemäldegalerie Schleißheim, erworben 1854 von Kunsthändler Finck, Berlin
Inv. G 204

WV Friedländer/Rosenberg 1989, S. 90–91, Nr. 101–103; S. 142, Nr. 361 (Vergleiche)
Lit.: Ausst.-Kat. Wittenberg 1972, Nr. 280; Ausst.-Kat. Schwerin 1990, Kat. 9 mit weiterer Lit.
Datenbanken: CDA: DE_SMS_G204; Corpus-Cranach: CC-BNT-070-013

Die Geburt Christi ist im Œuvre der Cranachs ein vergleichsweise seltenes Sujet. Das Wickelkind im sarkophagähnlichen Futtertrog ist Hinweis auf das sich erst durch den Opfertod Christi vollendende Heilsgeschehen. Der Trog steht so dicht an der Grenze zum Betrachterraum, dass davor gerade noch ein Puttenpaar Platz findet. Der weißgeflügelte Engel umarmt sein etwas unschlüssiges dunkelgeflügeltes Pendant und lädt es – und mit ihm den Betrachter – zur Anbetung ein. Joseph kniet in zeitgenössischer Tracht neben der Krippe und hat das Barett ehrfürchtig vom Kopf genommen. Maria kniet anbetend hinter der Krippe, wobei ein Putto kindlich ihre Haltung imitiert. Einer der drei durch das Stallfenster blickenden Hirten presst seinen Dudelsack an die Schulter: Die Verehrung des Kindes vollzieht sich in der Stille. Von oben schwebt als charakteristische Bildfindung Cranachs eine Puttenwolke herein. Das Gewimmel in ihr ist so konzentrisch komponiert, wie kindliche Unruhe es eben zulässt.

Das Motiv der Puttenprotomen bezog Cranach aus der italienischen Kunst. Im Wesentlichen aber verarbeitete er Anleihen aus der altniederländischen Malerei: darunter den Fensterblick, die ferne Simultanszene der Verkündigung an die Hirten und vor allem die anbetenden Engel, die jedoch dort immer als verkleinerte, bekleidete Erwachsene auftreten.

Von der nächtlichen Szenerie Cranach'scher *Anbetungen*, wie etwa derjenigen von 1515/20 in den Dresdner Kunstsammlungen, ist nur die Dunkelheit der gemauerten Stallrückwand geblieben. Die Schweriner *Anbetung* steht hingegen denjenigen im Gotischen Haus in Dessau-Wörlitz, im Angermuseum Erfurt sowie vor allem im Nationalmuseum Poznań nahe, die Cranach d. J. oder dessen Werkstatt zugeschrieben werden, wie es Dieter Koepplin auch für das Schweriner Bild vorschlägt.[16] Kristina Hegner betont die stilistische Nähe zu Cranachs 1539 vollendetem *Schneeberger Altar*. Das Signet mit dem nach links liegenden Flügel verweist auf eine Entstehung ab 1537/38.

Die Putten verleihen dem Werk eine heitere Note und machen es zugleich zu einem lutherischen Bild. Laut Matthäus 18,3 fordert Jesus, »dass ihr umkehrt und werdet wie die

16 Mündliche Mitteilung 2003.

Kinder.« Dieses Kapitel gilt Luther als das »allerheilsamste«, denn nur wer sich kindlich selbst erniedrige, gelange ins Himmelreich, wo Gleichheit herrsche.[17]

Die Innigkeit der Szene lässt sich als Ausdruck protestantischer Mystik lesen. So predigte Luther zum Christtag: »Darum willst du hier auch erleuchtet und warm werden, göttliche Gnade und Wunder sehen, daß dein Hertze entbrannt, erleuchtet, andächtig und fröhlich werde. So gehe hin, da du stille seyest, und das Bild tief ins Herze fassest, da wirst du finden Wunder über Wunder.«[18]

RE

17 Luther 1729–1734, Bd. 9, S. 182.

18 Ebd., Bd. 13, S. 106.

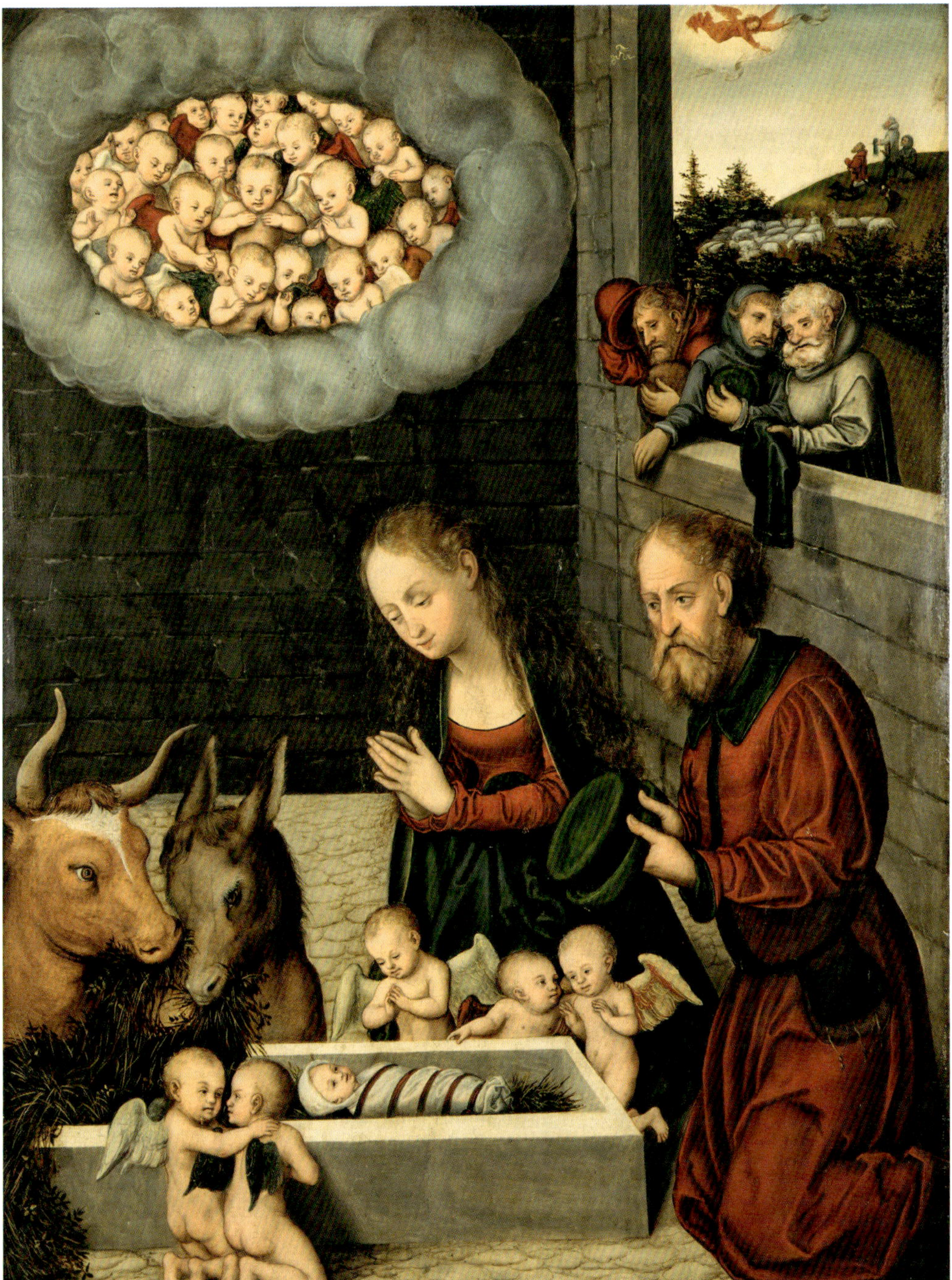

10

11 Lucas Cranach d. J.
Bildnis Martin Luther, 1546
Öl auf Holz
224 × 112 cm
Bezeichnet links unten mit der Schlange sowie am Bogen der Nische mit »AETATIS SVAE LXIII«, datiert 1546
Provenienz: Übernommen zwischen 1845 und 1863 aus dem alten Schweriner Schloss
Inv. G 864

WV Friedländer/Rosenberg 1989, S. 156, Nr. 423G (Motiv falsch zugeordnet)
Lit.: Ausst.-Kat. Schwerin 1990, S. 21–22, Kat. 13
Datenbanken: CDA: DE_SMS_G864; Corpus-Cranach: CC-POR-510-169

Das lebensgroße Porträt entstand im Todesjahr des Reformators. Seine Provenienz ist noch nicht ganz geklärt. Seit 1736 ist es mit Sicherheit in der Schweriner Schlosskirche belegt, könnte aber bereits 1592 in einem Inventar des Schlosses gemeint und bereits früher nach Schwerin gelangt sein, entweder unter Herzog Heinrich dem Friedfertigen, der die Reformation in Mecklenburg einführte, oder im Zuge der Ausstattung der Schlosskirche in den 1560er Jahren unter Johann Albrecht I. Innenraum und Kanzel in Schwerin zitieren die unter dem direkten Einfluss Luthers entstandene Torgauer Schlosskapelle.

Die Darstellungen Martin Luthers durch die Cranach-Werkstatt folgen deutlich unterscheidbaren Typen, die in zahlreichen Wiederholungen bekannt sind. Das ganzfigurige Bildnis taucht in Luthers Todesjahr 1546 mit der Schweriner Tafel zum ersten Mal im Medium der Malerei auf. Im selben Jahr wird es auch durch einen Holzschnitt Lucas Cranachs d. J. verbreitet. Das Antlitz entspricht aber dem seit 1539 gängigen Typus ohne Kopfbedeckung mit grauem Haar (siehe Kat. 12). Die Zuschreibung an den jüngeren Cranach entspricht dem Konsens der Forschung. 1575 wiederholte Cranach die Schweriner Komposition noch einmal seitenverkehrt für Kurfürst August von Sachsen (Veste Coburg). Einzig die Handhaltung ist eine Eigenheit der Schweriner Fassung, während sie in den übrigen (auch im Dom von Meißen hängt eine Version) dem Holzschnitt folgt.

Im 19. Jahrhundert findet sich mehrfach die Angabe, das Gemälde sei von Holz auf Leinwand übertragen worden. Die Eichenholztafel, auf der sich das Luther-Bildnis heute befindet, ist daher vielleicht nicht original, sondern Ergebnis einer weiteren Übertragung. Dies mag die Ursache für die besonders schwache Haftung zwischen Malschicht und Bildträger sein. Umfassende Restaurierungsmaßnahmen stehen aus. In diesem Zusammenhang wird auch Friedrich Schlies Bemerkung über die »rundbogige Nische von grauen Quadersteinen« zu klären sein, die zu der Vermutung führte, die heute marmorierte Nische sei ein Ergebnis der Restaurierung von 1908.[19]
GS

19 Schlie 1882, S. 112; Ausst.-Kat. Schwerin 1990, S. 22, Kat. 13.

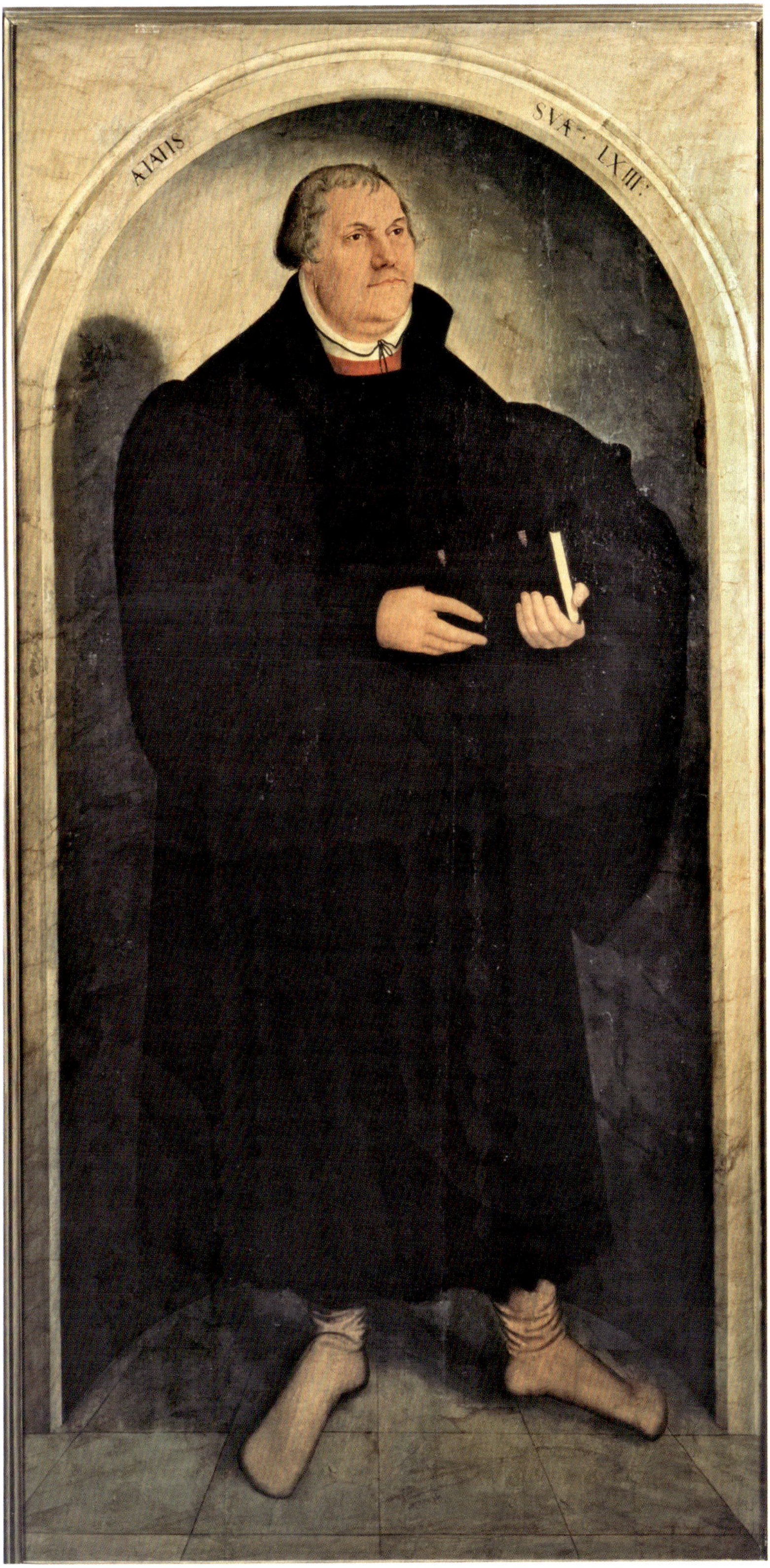

11

12 Werkstatt Lucas Cranachs d. J.
Bildnis Martin Luther, um 1546/47
Öl auf Holz
59 × 36 cm (ohne umfassende Leisten 56,5 × 35 cm)
Bezeichnet links neben der Schulter mit der Schlange
Provenienz: Erworben wohl zwischen 1863 und 1868 von Hofsekretär G. Peters
Inv. G 579

Nicht im WV Friedländer/Rosenberg 1989
Lit.: Ausst.-Kat. Schwerin 1990, S. 22, Kat. 14; Ausst.-Kat. Güstrow 1999a, S. 44, Kat. 15
Datenbanken: CDA: DE_SMS_G579; Corpus-Cranach: CC-POR-510–154

Die Beschaffenheit des Werkes ist vermutlich das Resultat einer langen Historie. Die aus drei senkrechten Brettern bestehende Tafel, vermutlich Weichholz, ist auf eine Eichenholztafel aufgebracht, die ihrerseits 1930 mit einem rückseitig aufgeleimten Parkett versehen worden ist. Am unteren Rand wurde die originale Tafel nachträglich verlängert, um Raum für ein aufgeklebtes Büttenpapier mit lateinischem Text in Feder und Tinte zu stellen,[20] der über Luthers Leben informiert. Schon zuvor hatte Lucas Cranach d. Ä. einigen seiner Fürstenbildnisse Texte beigegeben, allerdings in deutscher Sprache. Kristina Hegner hob 1990 hervor, dass der sächsische Kurfürst kurz nach Luthers Tod zahlreiche Bildnisse des Reformators bei der Cranach-Werkstatt in Auftrag gegeben hatte. Sie datierte vorliegende Fassung 1546/47.

Die Komposition folgt dem ab 1539 in der Cranach-Werkstatt gebräuchlichen Bildnistypus von Luther ohne Kopfbedeckung und mit grauem Haar (siehe Kat. 11). Die Malerei ist summarisch und plastisch von geringer Überzeugungskraft. Es handelt sich um eine Werkstattarbeit. Leider ist die frühe Provenienz unbekannt, vielmehr wurde das Werk erst 1867 aus dem Besitz des Hofsekretärs G. Peters für die Schweriner Sammlung erworben.[21] Die lateinische Inschrift ist interessantes Mittel protestantischer Propaganda und wendet sich anscheinend an ein gebildetes Publikum.[22] Der auf dem Bildnis dargestellte Reformator wird so zur Identifikationsfigur, die auch unabhängig von der künstlerischen Qualität wirkt. Im Gegenteil ist es gerade die Wiederholung des formal immer gleichen Bildes, die seine Wirksamkeit intensiviert. Ironischerweise ist man an die Funktion katholischer Heiligenbilder erinnert, gegen die die Reformation so scharf und nicht selten zerstörerisch zu Felde zog.
GS

20 Restaurierungsbericht Anke Dreyer, Juni 2009.
21 LHAS, 2.12–1/26, Hofstaatssachen, VI. Kunstsammlungen, Sachakten, Nr. 302c, Belege 1867/68, Nr. 32.
22 So Ausst.-Kat. Schwerin 1990, S. 22; vgl. auch Hegner 2012, S. 27, wo irrtümlich von einem gedruckten Text die Rede ist.

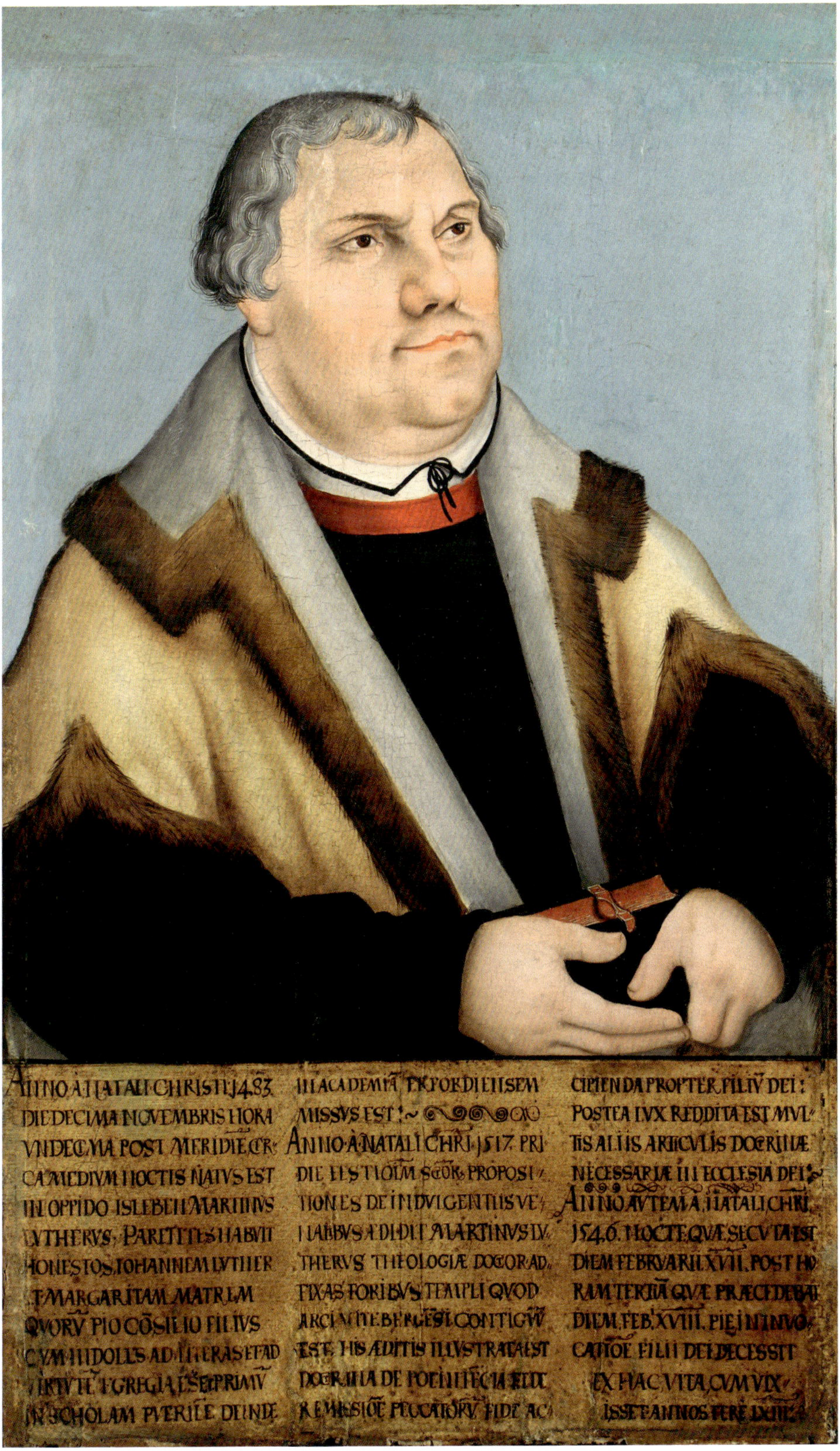

12

13 Lucas Cranach d. Ä.
Porträt König Ferdinand I., 1548
Öl auf Holz
20,7 × 15 cm
Bezeichnet oben rechts mit der Schlange mit liegendem Flügel, datiert 1548
Provenienz: Erworben zwischen 1868 und 1874
Inv. G 2486

WV Friedländer/Rosenberg 1989, S. 138–139, Nr. 345A (als Lucas Cranach d. J. und Kaiser Karl V.)
Lit.: Ausst.-Kat. Schwerin 1990, S. 20, Kat. 8, Abb. 15; Ausst.-Kat. Güstrow 1999a, S. 42, Kat. 14; Ausst.-Kat. Wittenberg 2015, S. 198, Kat. 1/28, Abb. S. 199
Datenbanken: CDA: DE_SMS_G2486; Corpus-Cranach: CC-POR-400-006

Das Bildnis ist lange als Darstellung Kaiser Karls V. angesehen worden, doch zeigt es eindeutig dessen jüngeren Bruder. Ferdinand wurde 1503 geboren. 1526 trug er den Titel König von Ungarn und Böhmen und wurde 1531 zum römischen König und damit zum Nachfolger seines Bruders gewählt. Nach der Abdankung Karls folgte Ferdinand ihm 1556 auf den Thron.

Das Schweriner Bildnis zeigt ihn vor Erlangung der Kaiserwürde. 1547 besiegte Karl V. in der Schlacht bei Mühlberg die im Schmalkaldischen Bund vereinigten protestantischen Fürsten. Dabei hatte Ferdinand ihn unterstützt. Cranach mag ihm im kaiserlichen Lager vor Wittenberg begegnet sein. In erster Linie orientierte sich der Maler für sein Bildnis aber an graphischen Vorlagen. Der Anlass für das Porträt ist nicht bekannt. Es könnte im Zusammenhang mit den ganzfigurigen Holzschnitt-Darstellungen des Kaisers und seines Bruders aus der Werkstatt des jüngeren Cranach entstanden sein.

Bis in die 1970er Jahre galt das Porträt als Werk Lucas Cranachs d. J. Erst später wurde es aufgrund der außerordentlichen künstlerischen Qualität dem Stil des älteren Cranach zugeordnet. Es zeichnet sich durch eine besondere Intensität im Detail aus, wobei sich Wirklichkeitsbezug und künstlerischer Eigenwert der Formen die Waage halten. Das Ordensabzeichen des Goldenen Vlieses stellt den einzigen Schmuck dar, während die Figur im Übrigen durch die schwarze Kleidung und Mütze eine stark flächige Qualität besitzt. Allein das Gesicht und die eigenartig bewegten Hände fesseln die Aufmerksamkeit des Betrachters. Typisch für Cranachs Porträtkunst ist der Blick, der sich auf einen Punkt weit außerhalb des Bildes richtet, nicht aber auf den Betrachter.
GS

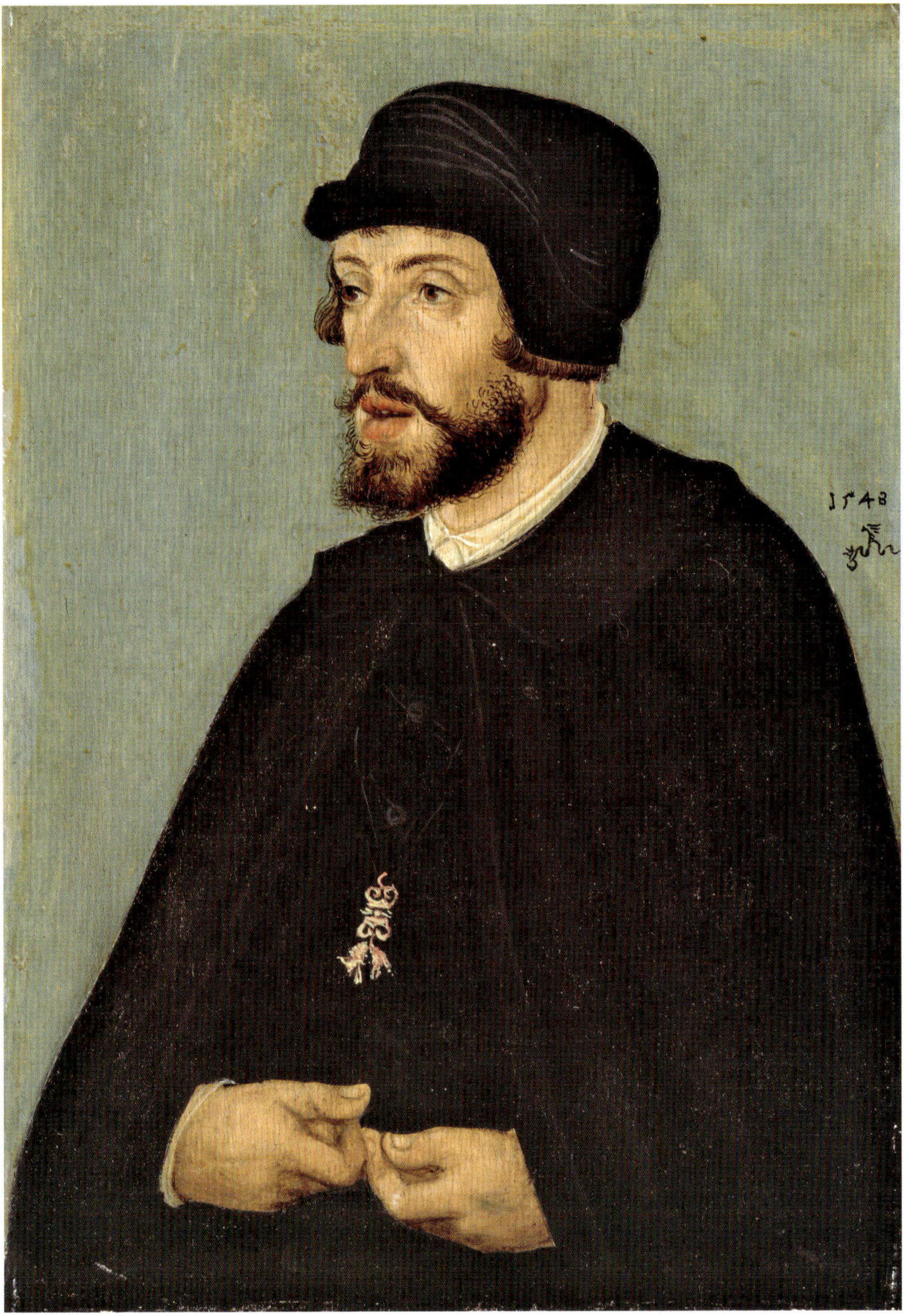

13

14 Nachahmer Lucas Cranachs d. Ä.
Lukretia, um 1550
Öl auf Holz
39,5 (mit Anstückung) / 34,5 (ohne Anstückung) × 24 cm
Vor der Erwerbung in eine größere Holztafel eingelassen, parkettiert
Provenienz: Erworben zwischen 1851 und 1863 vom Kunsthändler Milich, Aachen
Inv. G 2482

Nicht im WV Friedländer/Rosenberg 1989
Lit.: Ausst.-Kat. Wittenberg 1972, Nr. 281 (Werkstatt Lucas Cranachs d. Ä.); Ausst.-Kat. Basel 1974–1976, Bd. 2, S. 660–661 (zum Motiv); Ausst.-Kat. Schwerin 1990, S. 23, Kat. 16, mit weiterer Lit.
Datenbanken: CDA: DE_SMS_G2482; Corpus Cranach: CC-MHM-200-042

Die Geschichte ist vor allem von Titus Livius (*Ab urbe condita*, I, 57–59) überliefert: Angestachelt von ihrer Schönheit und Keuschheit, beschließt der etruskische Königssohn Tarquinius Sextus sich der verheirateten Lukretia zu bemächtigen. Sie widersteht ihm, bis er sie ruchlos erpresst. Anschließend offenbart sie die Vergewaltigung, fordert Rache und erdolcht sich in der Überzeugung, entehrt nicht weiterleben zu können. Ihre kompromisslose Tugend führt zu einem Volksaufstand und zum Ende der Tyrannis – und zu einer auch politischen Konnotierung des Sujets in der Kunstgeschichte.

Lukretia verkörperte vornehmlich eheliche Treue und Standhaftigkeit. Besondere Konjunktur erlebte das Thema im Cranach-Atelier, wozu die delikate Erotisierung der Figur als Akt oder Halbakt beitrug. Die Macht der Verführung wird durch die Mittel der Malerei sinnlich nachvollziehbar. Anders verhielt es sich mit der alttestamentlichen Judith. Deren sexuelle Reize waren legitimes Mittel im Kampf gegen die Tyrannis, weshalb sie im Cranach-Kreis nicht als Akt, sondern im prächtigen zeitgenössischen Kostüm dargestellt wird.

Die Schweriner Tafel zeigt Lukretia hingegen ganz bekleidet. Alle anderen Bildelemente finden sich vielfältig kombiniert und variiert im Cranach-Atelier. Sehr selten ist das Motiv des beidhändig geführten Dolches. Damit ist das Bild zwischen den Cranach'schen Lukretien, von denen es sich in seiner Ent-Erotisierung entschieden entfernt, den Judith-Darstellungen und dem Porträt angesiedelt. Das Aufgeben der zentralen ikonographischen Vorgabe Cranachs, d. h. der entblößten Brust, die Bildfarbigkeit sowie die Malweise verweisen auf eine Entstehung außerhalb der Cranach-Werkstatt. Dieter Koepplin vermutet in dem undatierten und unsignierten Werk die Arbeit eines eigenständigen Cranach-Schülers.[23] Eine 2008 bei Sotheby's in Mailand versteigerte Version steht mit dem Schweriner Bild als Replik oder Kopie in Zusammenhang.[24]

Im männlich-höfischen Umfeld zielte das Exempel auf die Vermeidung oder Abschaffung der Tyrannis durch den guten Regenten, in protestantischer Lesart auf den Kampf des Schmalkaldischen Fürstenbundes gegen den katholischen Kaiser.[25] Höfischen und bürgerlichen Adressatinnen galt die sexualmoralische Ermahnung. So trug die Darstellung einer heute verschollenen Lukretia aus Schloss Weißenstein in Pommersfelden die Inschrift: »O lucretia behalte du dein Ehr. Nach dier ersticht sich kheine mehr.«[26]
RE

23 Mündliche Mitteilung am 7.4.2003.
24 Vgl. CC-MHM-200-043.
25 Bücken 2011, S.56.
26 Heller 1845, S.34.

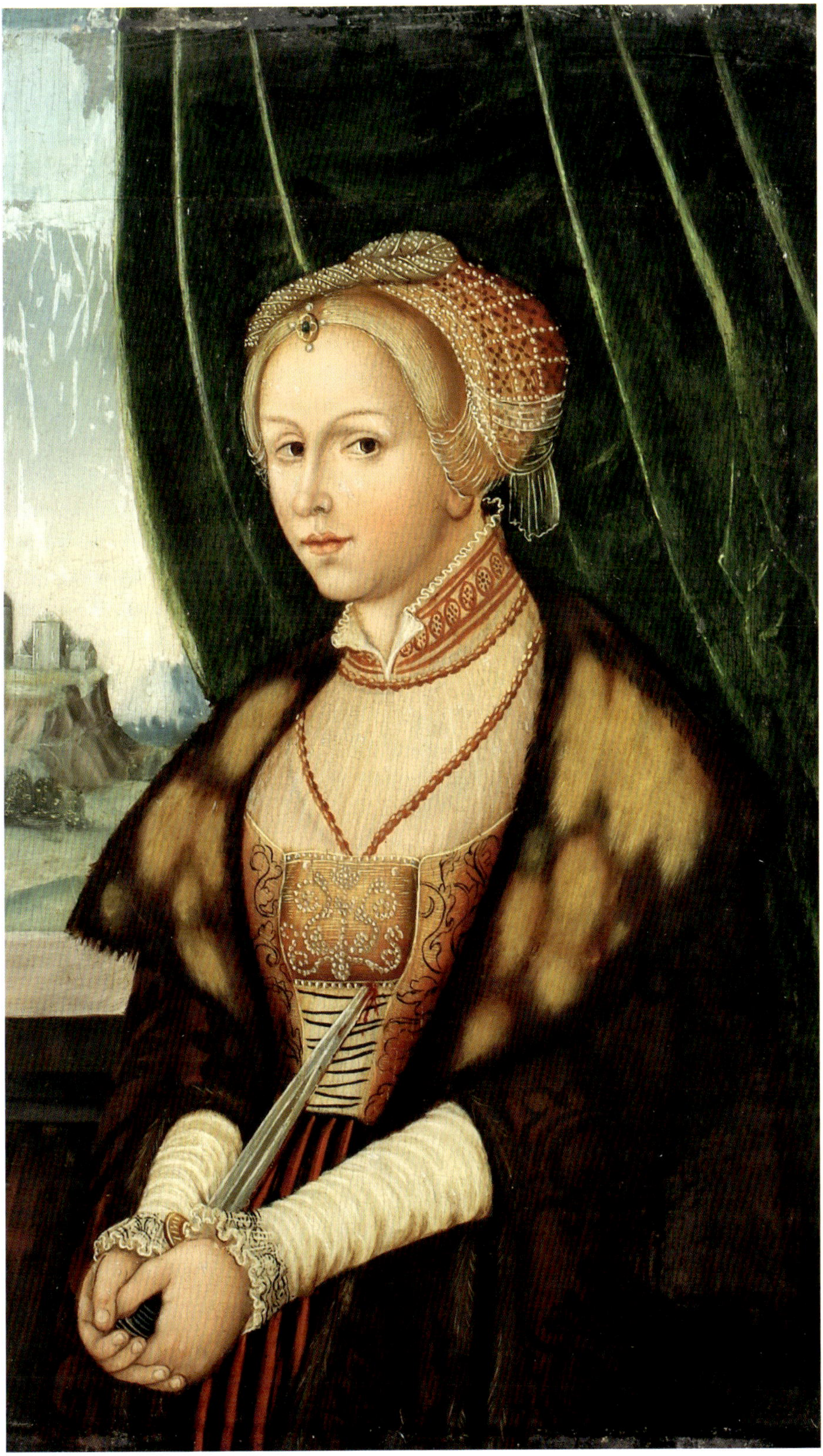

14

15 Nach Lucas Cranach d. Ä.
Der verliebte Alte, um 1600
Mischtechnik auf Holz
47,5 × 35 cm
Provenienz: Erworben zwischen 1851 und 1863
Inv. G 576

Nicht im WV Friedländer/Rosenberg 1989
Lit.: Ausst.-Kat. Basel 1974–1976, Bd. 2, S. 567–568, Kat. 463 (zum Typus); Ausst.-Kat. Schwerin 1990, S. 20–21, Kat. 10; Noll 2004, S. 412–416 (zu den »Ungleichen Paaren«)
Datenbanken: CDA: DE_SMS_G576; Corpus-Cranach: CC-SUP-100-034

Die Tafel zeigt einen Mann und ein junges Mädchen während einer erotischen Tändelei. Offensichtlich erliegt der ältere Herr mit Mütze der mit kostbaren Stoffen und Perlen geschmückten Schönen. Während er sie mit spitzen Fingern umhalst, hält sie sein Kinn, um gleichzeitig mit der rechten Hand Geld aus seinem Beutel zu entwenden. Kokett blickt sie den Betrachter an.

Das Gemälde zählt zu den »Ungleichen Paaren«, auf denen meist ein alter Mann eine junge Frau gewinnen möchte, die es jedoch allein auf dessen Vermögen abgesehen hat. Der Alte macht sich zum Narren, wenn er glaubt, die Jugend für sich einnehmen zu können. So sind die Züge des Mannes auf dem Schweriner Gemälde karikaturartig-grotesk gestaltet und verdeutlichen seine Torheit.

Das Gemälde gehört zu einer Gruppe von Werken, die sich mit dem Thema der »Weibermacht« beschäftigen, wobei Männer der List und Tücke von Frauen erliegen und sich in ihr Unglück stürzen. Neben der Verführungskunst wie im Gemälde *Der verliebte Alte* sind es die Sujets »Salome mit dem Haupt Johannes des Täufers«, »Salomos Götzendienst« oder »David und Bathseba«, die sich in Cranachs Œuvre finden.

Die »Ungleichen Paare« besaßen im 15. und 16. Jahrhundert große Popularität. Im Werk der Cranachs lassen sich heute insgesamt 19 Werke anführen, die mit dem Schweriner Bild verglichen werden können. In den meisten Fällen trägt das Mädchen weinrote Kleidung und eine perlenbestickte Haube. Auch hat sie häufig mandelförmige Augen, wogegen die Charakterisierung des männlichen Gegenübers von Tafel zu Tafel sehr unterschiedlich ausfällt. Er kann ein Greis, Kaufmann oder auch ein Bauer sein. Das Thema kommt bei Cranach um 1520 und besonders um 1530 vor. Nach 1537 verringert sich die Zahl der erhaltenen Beispiele stark. Die Inventare und Rechnungen des 16. Jahrhunderts bezeichnen die Szene als »Buhlschaft«.

Vor Cranach hatten sich Hans Baldung Grien, Niklaus Manuel Deutsch oder Urs Graf dem Thema gewidmet. War das Sujet vorrangig in der dekorativen Malerei oder der Druckgraphik anzutreffen, so übernahm es Cranach erstmals in die Tafelmalerei. Für den in Sachsen wirkenden Maler könnte sein Vorgänger Jacopo de' Barbari prägend gewesen sein, der von 1503 bis 1505 in wettinischen Diensten stand. Auf Barbari ist wahrscheinlich die Darstellung eines Liebhabers im Wittenberger Schloss zurückzuführen, der von einem Narren verspottet wird.

Literarischen Niederschlag fanden die »Ungleichen Paare« in Sebastian Brants *Narrenschiff* von 1494 oder in den *Sprichwörtern* von Johannes Agricola, die 1529 veröffentlicht wurden. Die Bedeutung des Themas für die sich verändernde Gesellschaft zur Reformationszeit wird aus Martin Luthers Schrift *Vom ehelichen Leben* des Jahres 1522 ersichtlich, in der er gegen den schlechten Ruf der Ehe unter den gebildeten Zeitgenossen

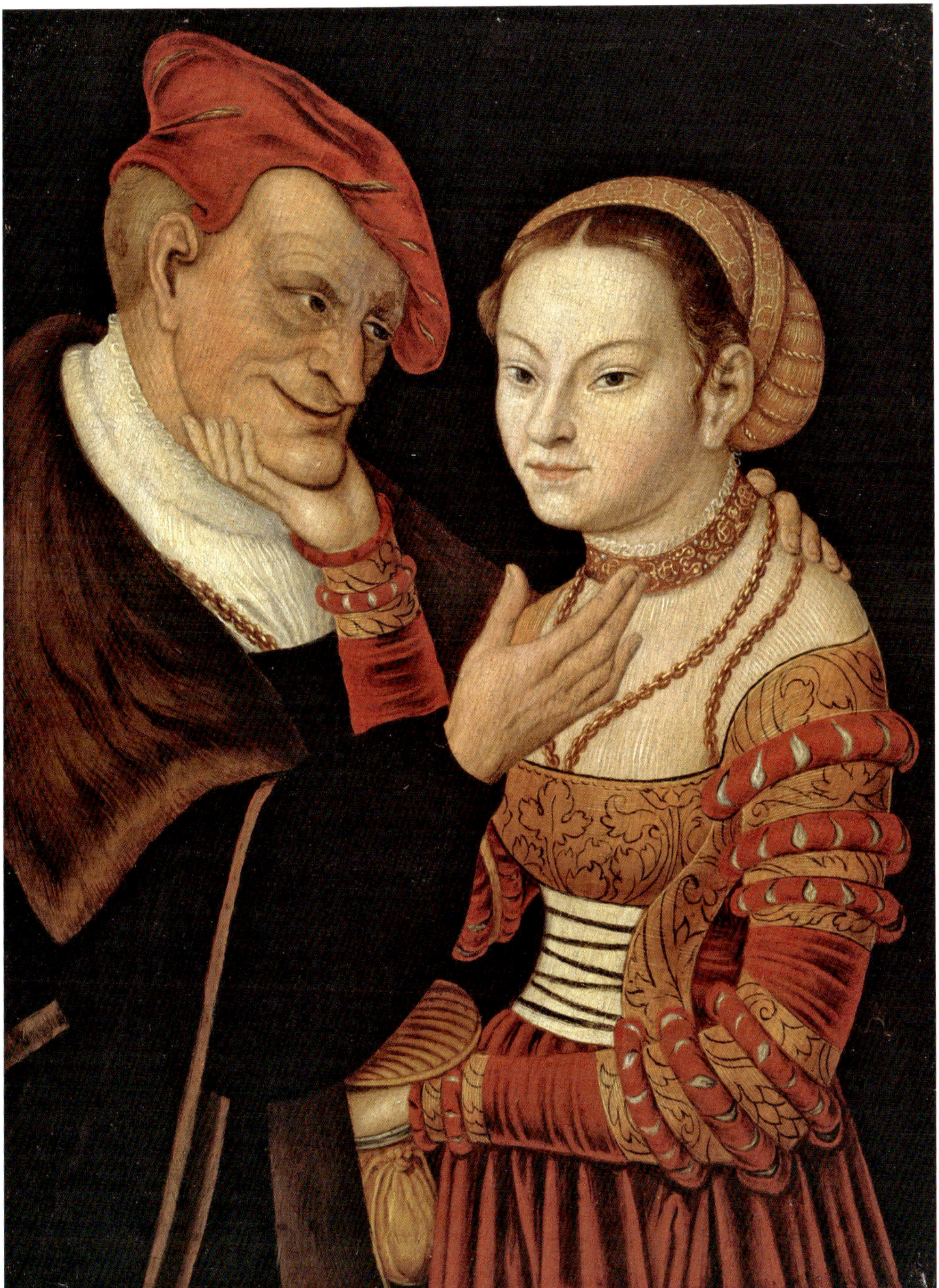

15

argumentierte. Unter Berufung auf die Bibelstelle 1. Mose 1,28 »Seid fruchtbar, und mehret euch.« verstand er den Satz als ein wörtlich zu nehmendes göttliches Gebot. Gegen die verbreitete Meinung, Frauen seien ein notwendiges Übel, rückte er die Gleichheit von Mann und Frau durch den göttlichen Schöpfungsakt in den Vordergrund. Die Ehe zu diskreditieren sei Gotteslästerung. Ehebruch und Prostitution bezeichnete er als Werk des Teufels. Gerade vor diesem Hintergrund wird die Relevanz der »Ungleichen Paare« evident. Die Ehe galt für die Reformatoren nicht mehr als kirchliches Sakrament, sondern als eine gottgefällige Lebensform, deren Bruch und Verunglimpfung zum Ehrverlust führte. In diesem Zusammenhang ist das Gemälde als ein Sittenbild zu verstehen, das an Moral und Anstand appellierte.
TPH

16 Nach Lucas Cranach d. Ä. oder Lucas Cranach d. J.
Christus segnet die Kinder, undatiert
Mischtechnik auf Holz
64,4 × 84,5 cm
Provenienz: Erworben zwischen 1851 und 1863 aus der Gemäldegalerie Dresden
Inv. G 691

Nicht im WV Friedländer/Rosenberg 1989
Lit.: Ozarowska Kibish 1955; Andersson 1981, S. 53–55; Ausst.-Kat. Schwerin 1990, S. 22–23, Kat. 15; Ausst.-Kat. Güstrow 1999a, S. 56, Kat. 21; Marx/Mössinger 2005, S. 306–308, Kat. 18 (Erwähnung und Angaben zur Provenienz)
Datenbanken: CDA: DE_SMS_G691; Corpus-Cranach: CC-BNT-190–021

Auf der Tafel ist eine Menschengruppe mit Kindern zu sehen, die sich eng um Christus schart. Heute bekannt sind mindestens 30 Werke des Themas, das zur Reformationszeit große Popularität genoss – die frühesten Werke stammen von Lucas Cranach d. Ä. aus der Zeit um 1536/37. Das Gemälde ist sehr streng komponiert, die Figuren sind dreiviertelfigurig wiedergegeben, ein Hintergrund ist nicht zu sehen. Augenmerk liegt auf den herumtollenden, sich bewegenden, nervös zappelnden und unruhigen Kindern, die Jesus hochhebt und berührt. Sie schaffen eine geradezu intime Atmosphäre um Christus. Das Sujet war eine Neuschöpfung der Reformation. Die Kindersegnung findet sich an drei Passagen des Neuen Testaments (Matthäus 19,13–15; Markus 10,13–16, Lukas 18,15–17). Die Cranach-Tafeln beziehen sich auf einen Vers des Markus-Evangeliums, wo es heißt: »Lasset die Kinder zu mir kommen und wehret ihnen nicht; denn solcher ist das Reich Gottes.« Um diese Bibelstelle fand innerhalb der Reformation eine Kontroverse zwischen den Lutheranern und den sogenannten Wiedertäufern statt, die eine Kindtaufe ablehnten, da diese nicht als freie Entscheidung und willentliches Bekenntnis eines Gläubigen zu verstehen sei, sondern vor der geistigen Reife des Täuflings stattfände. Dagegen argumentierte Luther, mit der Taufe würden die Neugeborenen zu einem Teil der christlichen Gemeinschaft. Der Glaube könne nicht aufgrund von rationalen Beweggründen entstehen, er sei ein Akt göttlicher Gnade. Erlösung erlange der Mensch nicht allein durch sein Handeln und Tun. Ob nun, wie Christine Ozarowska Kibish vermutete, die Tafeln in unmittelbarem Zusammenhang mit Luthers Disput mit den Gegnern der Kindtaufe um 1538 entstanden, da die Wiedertäufer als ketzerische Sekte verfolgt wurden und es blutige Auseinandersetzungen gab, ist nicht geklärt.

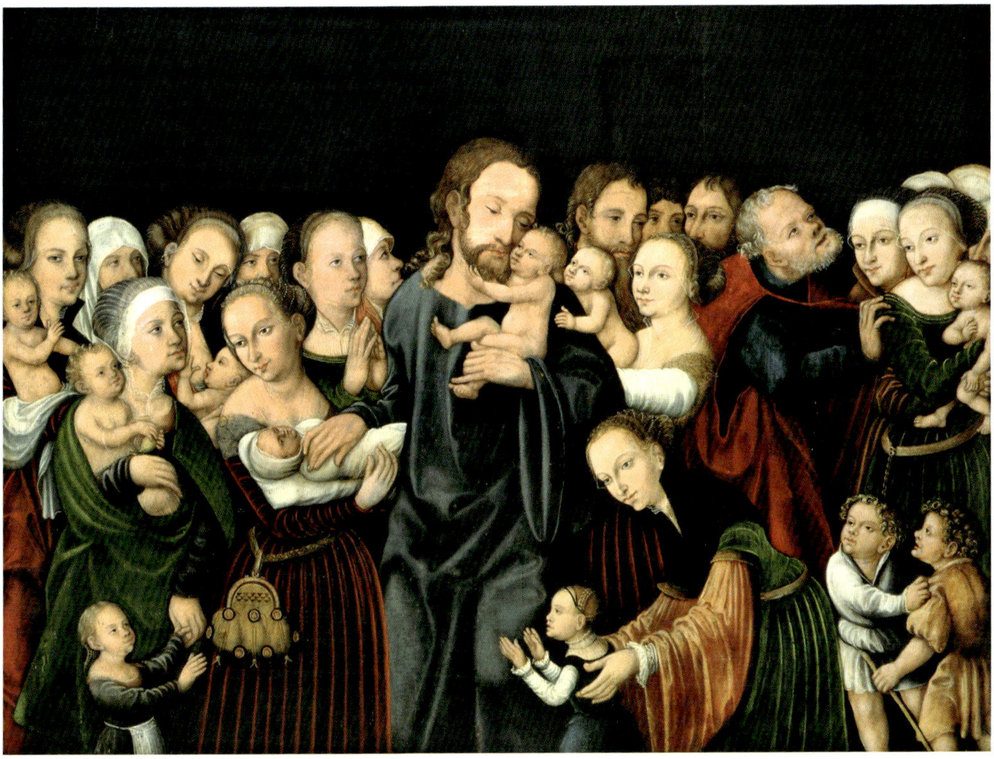

16

In den Katalogen der Dresdner Sammlungen, denen das Gemälde entstammt, lassen sich insgesamt vier Werke gleichen Themas nachweisen: Ein Hinweis auf dessen Beliebtheit im protestantischen Sachsen. Eine heute im Bildermuseum Leipzig aufbewahrte Zeichnung war sogar als Vorlage für eine Tapisserie (Schloss Hartenfels in Torgau) gedacht. Drei der vier in Dresden nachweisbaren Werke waren im Format von etwa 83–85 × 120–122 cm gefertigt, eines mit 63 × 85 cm bedeutend kleiner. Zwei Gemälde davon wurden Mitte des 19. Jahrhunderts versteigert. Bei der kleinformatigen Arbeit handelt es sich um das heute im Staatlichen Museum Schwerin befindliche Werk. Es wird erstmals im Dresdner Inventar von 1722 bis 1728 erwähnt. Dort ist es als ein Original Cranachs ausgewiesen, im 19. Jahrhundert galt es als eine Arbeit der Cranach-Schule. Die Galeriekommission entschied sich, zwei Werke zu veräußern: Der Verkauf fand am 17. Oktober 1859 sowie am 16. April 1860 und an den Folgetagen statt.
TPH

DRUCKGRAPHIK

17 Lucas Cranach d. Ä.
Der heilige Christophorus, 1506
Holzschnitt, IIe von IIe
286 × 202 mm
Bezeichnet oben links im Baum auf Tafel mit der Schlange und »LC« sowie darüber kursächsisches Wappen
Provenienz: Alter Bestand
Inv. 1863 Gr

WV Hollstein German VI, S. 56, Nr. 79
Lit.: unpubliziert

Mitten in einer gebirgigen Landschaft durchquert der Heilige Christophorus im Umhang eines Wanderers gerade einen Fluss. In der Ferne sind Gebäude und die Kirche einer Ortschaft zu sehen. Die hinter ihm liegende Landschaft ist karg und unwirtlich, Felsen türmen sich in wilden Formationen auf. Der Riese hat soeben das andere Ufer erreicht, auf das er den linken Fuß in einem raumgreifenden Schritt setzt. Seine rechte Hand fasst nach einem Grasbüschel, um sich mit Mühe aus dem Flussbett emporzuziehen. Der bärtige Alte trägt auf seinen Schultern das Christuskind mit der Weltkugel. Nach der *Legenda aurea* geleitete der Hüne Pilger durch das Wasser und auch einst den Jesusknaben, der während der Flussdurchquerung immer schwerer wurde.

Cranach hat dieses Wunder eindrücklich in seinem Holzschnitt geschildert und mit vielen Feinheiten ausgeschmückt. Bei den Felsen sind ein mönchischer Einsiedler und seine ärmliche Behausung zu sehen, der nach der Legende an der Furt lebte und den die Pilger wie den Heiligen Christophorus in der Einsamkeit der Wildnis aufsuchten. Er hält eine Laterne in Händen, mit der er den Weg weist. Cranach widmet sich nicht nur dem Heiligen, der besonders seit dem Spätmittelalter als Beschützer der Wanderer und Reisenden galt. Er gibt ebenso viele narrative Details wieder, die in der *Legenda aurea* berichtet werden. Damit unterscheidet sich die Ausführung wesentlich von solchen an den meisten Kirchenwänden, wo es die Aufgabe des Bildes war, durch den Anblick des Riesen die Gläubigen vor Tod und Unheil zu bewahren.
TPH

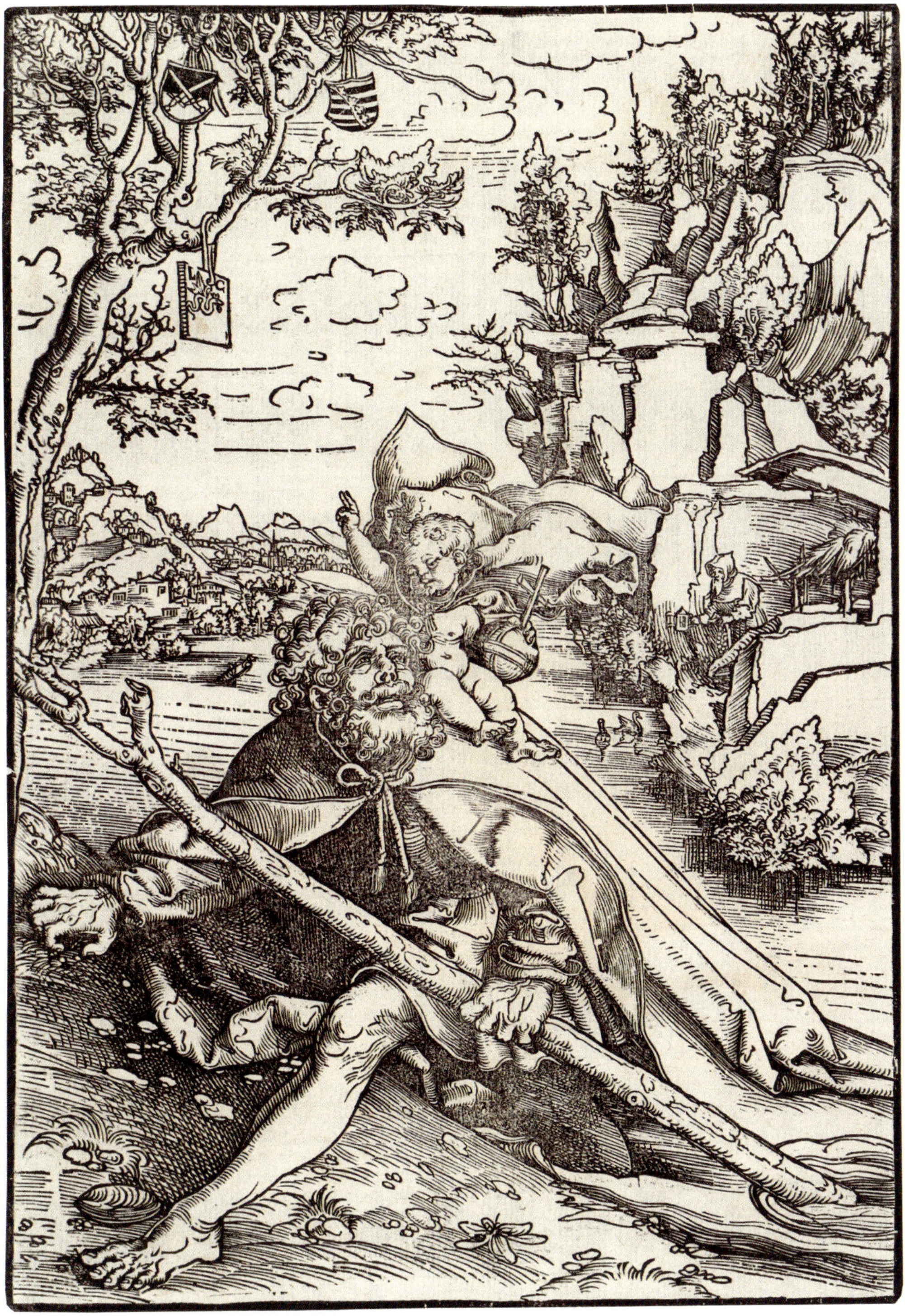

17

18 Lucas Cranach d. Ä.
Die Auferstehung, frühestens 1509
Blatt 14 (von 14) aus der Folge »Die Passion«
Holzschnitt, I von I
252 × 176 mm
Bezeichnet auf der Wand rechts mit der Schlange, oben links kursächsisches Wappen
Provenienz: Alter Bestand
Inv. 8481 Gr

WV Hollstein German VI, S. 21, Nr. 23
Lit.: vgl. Ausst.-Kat. Basel 1974–1976, Bd. 2, S. 470–476, Kat. 310–323 (zur Folge)

Passionsfolgen sind in der christlichen Tradition von zentraler Bedeutung. Geschildert werden das Leiden, Sterben und die Auferstehung Christi als Rückkehr des Sohnes zu Gott und als Ausdruck der Überwindung aller Hindernisse und Versuchungen durch den Glauben.

Die vierzehnteilige Folge Cranachs zeigt die Szenen Christus am Ölberg, die Gefangennahme Christi, Christus vor Hannas, Christus vor Kaiphas, Christus vor Herodes, die Geißelung Christi, die Dornenkrönung, Ecce homo, Pilatus' Handwaschung, die Kreuztragung, die Kreuzigung, die Beweinung, die Grablegung und schließlich die Auferstehung Jesu. Der Zyklus entstand zu einer Zeit, da auf dem druckgraphischen Markt Passionsfolgen immense Verbreitung fanden. In Schwerin existiert allein das Blatt der Auferstehung.

Um 1480 erschien Martin Schongauers wegweisende Passion in zwölf Kupferstichen, die das Geschehen mit expressiven Gebärden in psychologisch verdichteter Form artikuliert. Einen Höhepunkt stellt zweifelsohne Albrecht Dürers *Große Passion* dar, die der Nürnberger Künstler 1496/99 begann, jedoch erst 1510 vollendete und die schließlich 1511 in Buchform erschien. Ihr ist nur noch die etwa von 1511 bis 1514 von Jacob Cornelisz. van Oostsaanen gefertigte *Große runde Passion* an die Seite zu stellen, die bei aller Eindringlichkeit und Dramatik die Dürer-Folge allerdings qualitativ nicht erreicht. Dürer fertigte nach seinem zweiten Italienaufenthalt einen weiteren kleinen Passionszyklus, bestehend aus 36 Motiven, der überaus erfolgreich war und ebenfalls 1511 veröffentlicht wurde. Parallel zu diesen Serien arbeitete Cranach an einer eigenen Passion, die Dürers Graphiken nicht nachstand und die Kenntnis von vergleichbaren Folgen zeigt.

Auf dem Blatt mit der Auferstehung erscheint Christus auf einem Gesteinsblock, der vor den Eingang seines Felsengrabes gerollt war. Er hat die rechte Hand zum Segensgestus erhoben, in der linken trägt er die Kreuzesfahne. Deutlich zu erkennen sind die Wundmale an Händen und Füßen. Vor dem Grab schlafen die bewaffneten Soldaten des Herodes, die es eigentlich bewachen sollten. Cranach nimmt die Schlafenden zum Anlass, um Körperstellungen in ihrer perspektivischen Logik zu erproben.
TPH

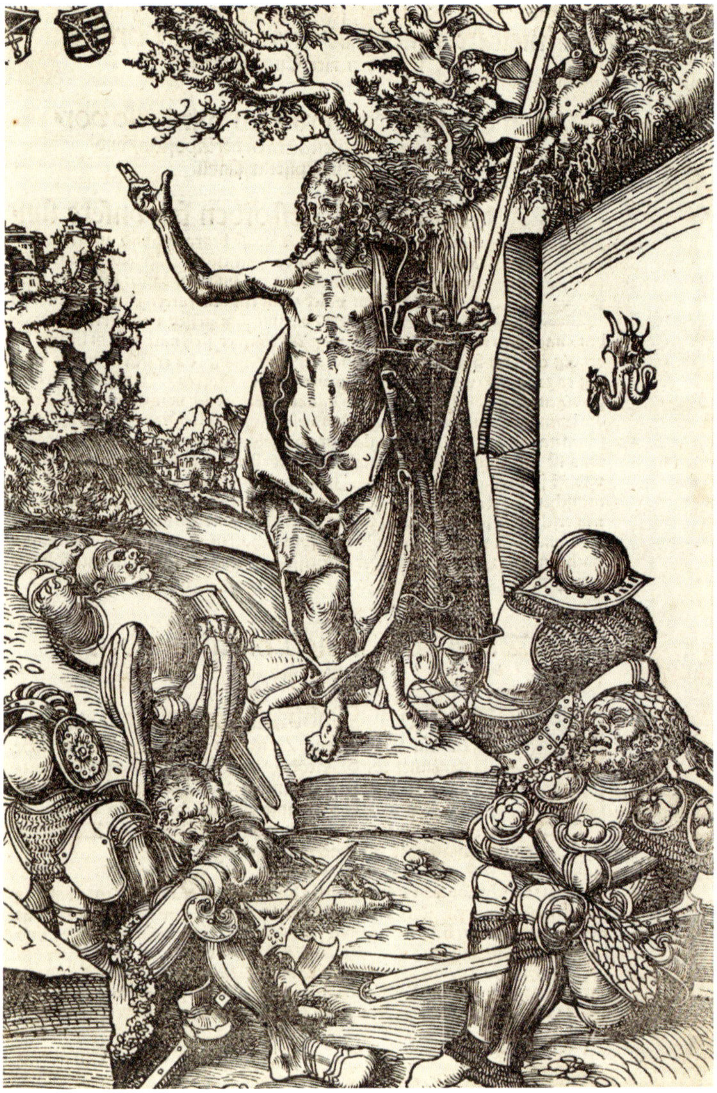

18

19 Lucas Cranach d. Ä.
Die Buße des heiligen Johannes Chrysostomus, 1509
Kupferstich, I von I
254 × 201 mm
Bezeichnet unten rechts auf Tafel mit der Schlange und »LC«, datiert 1509, oben links im Baum kursächsisches Wappen
Provenienz: Alter Bestand
Inv. 6489 Gr

WV Hollstein German VI, S. 2, Nr. 1
Lit.: vgl. Ausst.-Kat. Basel 1974–1976, Bd. 2, S. 593–593, Kat. 486; Strehle/Kunz 1998, S. 52–55

Die Geschichte des griechischen Kirchenvaters Johannes Chrysostomus (344–407) findet sich unter anderem in der Textsammlung *Der Heiligen Leben und Leiden*, die erstmals 1471 von dem Augsburger Drucker Günter Zainer herausgegeben wurde und sehr populär war. Beim Blumenpflücken im Wald wurde eine Kaisertochter von einem Unwetter überrascht. Sie suchte Unterschlupf in der Höhle des Einsiedlers Chrysostomus. Zwar hatte dieser allen Versuchungen der Welt entsagt, er war jedoch so von ihrer Schönheit berauscht, dass er sich an ihr verging. Diese Untat quälte ihn derart, dass er seine Verfehlung ungeschehen machen wollte, indem er sie von einem Felsen stieß. Er selbst kroch fortan wie ein Tier auf allen Vieren und war kaum noch als Mensch zu erkennen. Währenddessen hatte der Kaiser ein zweites Kind bekommen und wollte dies allein von Chrysostomus taufen lassen. Als die Jäger sich auf die Suche nach ihm begaben und nur ein seltsames Wesen fanden, das sich als der Heilige herausstellte, begann die Suche nach der verschollenen Tochter. Zur größten Überraschung fand man sie lebend mit ihrem Kind, woraufhin der Kaiser dem Einsiedler vergab.

Von Cranach d. Ä. sind nur neun Kupferstiche bekannt. Die *Buße des Heiligen Johannes Chrysostomus* ist einer der frühesten. Cranach nahm das Thema zum Anlass, um einen weiblichen Akt darzustellen. Damit orientiert sich das Blatt wesentlich an Dürers Version des Themas von 1497, allerdings ist hier die Königstochter stillend zu sehen. Dagegen rastet sie bei Cranach zusammen mit ihrem Kind inmitten einer üppigen Landschaft, umringt von Tieren. Die schöne nackte Kaisertochter ist offensichtlich Dürers *Meerwunder*-Blatt der gleichen Zeit entlehnt und erinnert in der Körperhaltung an Jacopo de' Barbaris *Maria mit dem Kind* (um 1495/1505).
TPH

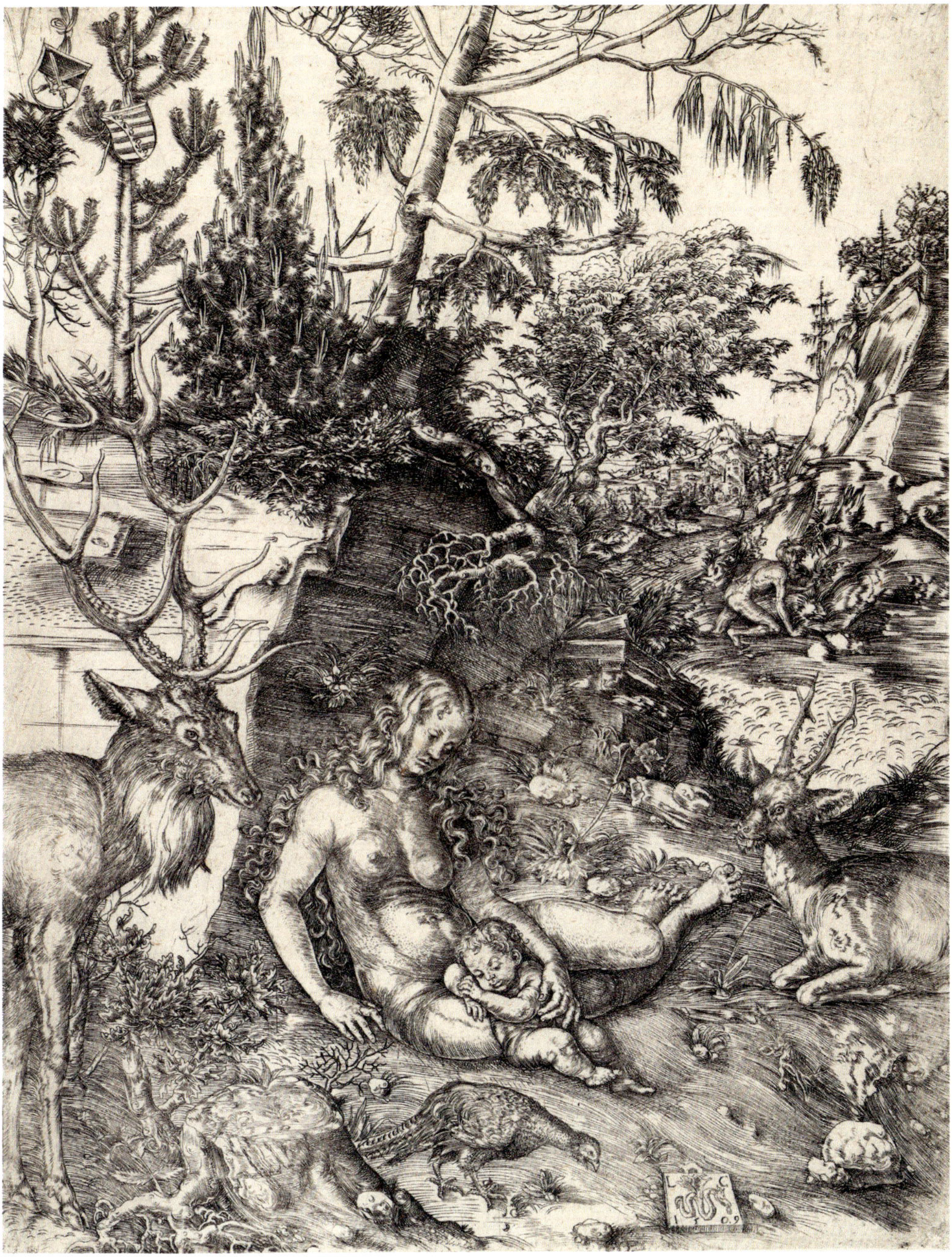

19

20 Lucas Cranach d. Ä.
Die Heilige Sippe, 1509
Holzschnitt, I von II
227 × 330 mm
Bezeichnet auf Tafel unten Mitte mit »LC«, daneben mit der Schlange
Nachträglich koloriert in Rot, Grün und Blau, quadriert
Provenienz: Alter Bestand
Inv. 8480 Gr

WV Hollstein German VI, S. 46, Nr. 71
Lit.: vgl. Andersson 1981, S. 46–47; Ausst.-Kat. Wittenberg/Dessau/Wörlitz 2015, S. 142–144, Kat. 14

Der Holzschnitt ist ein Familienbild der *Heiligen Sippe*, das auf der literarischen Erwähnung in der *Legenda aurea* des Jacobus de Voragine (1228–1298) basiert: Mittig sitzt Anna. Sie hält ein Buch in ihrer linken Hand und wendet sich dem kleinen Jesusknaben zu, der sich gerade zu seiner Mutter Maria, der Tochter Annas, dreht. Um diese Dreiergruppe, die auch als Anna Selbdritt bezeichnet wird, befinden sich die Gatten und Nachfahren der Anna. Rechts von ihr unterhalten sich ihre drei Ehemänner, mit denen sie nacheinander verheiratet gewesen sein soll: Joachim, Cleophas und Salomas. Anna gebar jedem dieser Männer eine Tochter mit dem Namen Maria. Die Familien der beiden Töchter Maria Clophae und Maria Salome sind im Vordergrund zu sehen. Ihre Männer wiederum heißen Alphäus und Zebedäus. Mit dem dritten Ehemann Joachim zeugte sie die spätere Muttergottes, deren Mann Joseph links der zentralen Gruppe ehrfürchtig die Mütze abgenommen hat.

Der Annenkult war um 1500 populär. Die Heilige galt als Beschützerin von schwangeren Frauen sowie Kindern. Ihr Beistand gerade anlässlich von Hochzeiten sollte reichen Kindersegen garantieren. Dass die sächsischen Kurfürsten sich ebenfalls ihre Hilfe für den Erhalt der Dynastie erbaten, veranschaulicht ihr Wappen, unter dem Anna sitzt. 1493 hatte Kurfürst Friedrich der Weise von seiner Pilgerfahrt ins Heilige Land eine wichtige Annenreliquie mitgebracht. Der intensive Kult des Kurfürsten für die Heiligen Maria und Anna fand sein Zentrum im Wittenberger Heiltum, das 1510 von Papst Julius II. eine Bulle für besondere Ablässe erhielt.

Das Thema der »Heiligen Familie« war auch nach der Reformation ungebrochen gefragt. Stand im 15. Jahrhundert der Heiligenkult im Vordergrund, veränderte ein Text von Philipp Melanchthon die Sichtweise auf die Szene – vom Ablasshandel hin zu einer pädagogischen Auslegung im Sinne des neuen Glaubens. Nun standen die lesenden Kinder im Fokus. Der Reformator sah das Lernen als Voraussetzung für ein christliches Leben und als Hinführung zu Gott.

In Cranachs Darstellung überwiegen die erzählerischen Elemente. Die Großfamilie der Anna liest, spielt, lernt oder unterhält sich angeregt. Dass das Motiv sehr beliebt war, zeigt eindrücklich das Schweriner Blatt: Es wurde nicht nur mit Blau, Grün und Rot koloriert, sondern erhielt auch eine Quadrierung mit Bleistift, also ein gleichmäßig horizontal und vertikal verlaufendes Liniennetz. Mit dieser Aufteilung war es für Zeichner einfach, das Motiv zu übertragen.
TPH

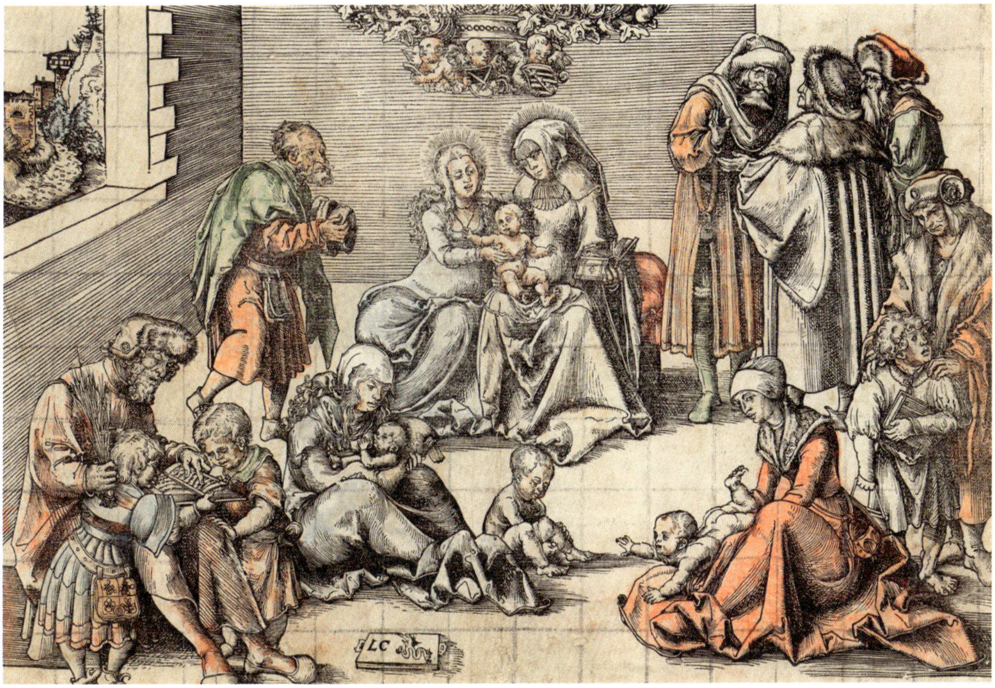

20

21 Lucas Cranach d. Ä.
Der Heilige Hieronymus, nach 1509
Holzschnitt, später Abdruck
338 × 240 mm
Bezeichnet unten links auf Tafel mit der Schlange und »LC«, datiert 1509, im Baum kursächsisches Wappen
Provenienz: Alter Bestand
Inv. 6491 Gr

WV Hollstein German VI, S. 61, Kat. 84
Lit.: unpubliziert

Umgeben von einer bergigen Waldlandschaft mit einer Quelle kniet der Heilige Hieronymus, einer der vier Kirchenväter, vor einem Kruzifix. Sein Oberkörper ist entblößt. Er trägt nur ein Tuch um Lenden und Beine geschlungen. Im Bildvordergrund liegen auf einem Baumstamm sein Gewand und sein breitkrempiger Hut. Daneben ruht ein Löwe, sein Begleittier, an dem man den Heiligen rasch identifizieren kann. Gemäß der Legende hatte ihm Hieronymus einen Dorn aus der Pranke entfernt, weshalb der Löwe ihn nicht mehr verließ. Weiterhin ist im Hintergrund das Kloster zu erkennen, dem der Heilige in Bethlehem vorstand. Allerdings ist bei Cranach keine orientalische Szene geschildert. Das Geschehen wurde von dem Wittenberger Maler in eine mitteldeutsche Landschaft übertragen, während es sich bei dem Gebäude um einen ebenfalls regionalen kleinen Kapellenbau handelt. Links im Geäst sind das wettinische und das kursächsische Wappen angebracht, ein Hinweis auf den Anspruch des Kurfürstentums, den Beistand des Heiligen für sich zu reklamieren – und damit gleichsam die religiösen Tugenden für die eigene Regentschaft.

Der Heilige war im Mittelalter außerordentlich populär. Er galt als Vorbild für eine gottgefällige Lebensführung, da er seine Verfehlungen durch Askese und fromme Einkehr sühnte. Besonders häufig wurde er als Büßer in der Wüste dargestellt. Der Kirchenvater, ein Mitarbeiter des Papstes Damasus I., hatte die Bibel aus der hebräischen in die lateinische Sprache übertragen. Diese Übersetzung wird als *Vulgata* bezeichnet und erlangte kanonische Bedeutung im Mittelalter.

Der Heilige wird in der Bibel nicht erwähnt. Die Quellen, auf denen die bildliche Umsetzung basiert, sind seine Schilderungen der Erlebnisse in der syrischen Wüste, die er 384 in einem Brief an eine Römerin namens Eustochium adressierte. Doch an der Darstellung Cranachs ist weniger die Übertragung der Szene in eine sächsische Waldlandschaft bemerkenswert als das großformatige Buch, das er für seine frommen Meditationen nutzt. Es dürfte sich dabei um die von dem Kirchenvater verfasste *Vulgata* handeln. Zentrale Aussage ist demzufolge weniger die im Spätmittelalter betonte Reue und Buße für ein sündhaftes Leben, sondern eher die tief empfundene Frömmigkeit des Heiligen, die im Nachempfinden der Passion und Leiden Christi vollzogen wird. Die Versenkung in die biblische Lektüre wird zu einem Akt der *compassio Christi*, der Verinnerlichung des Heils.
TPH

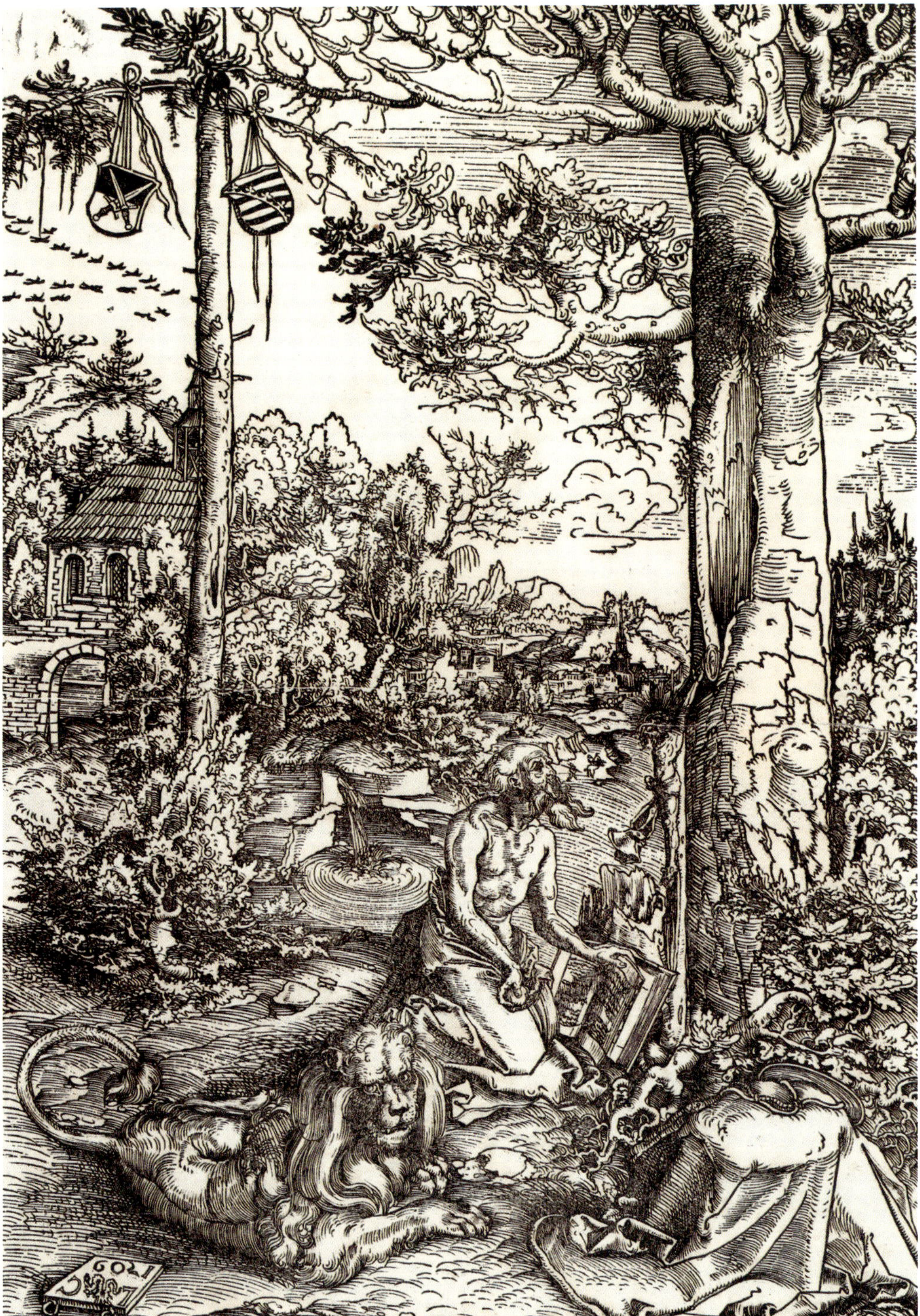

21

Lucas Cranach d. Ä.
Christus, die zwölf Apostel und der heilige Paulus, um 1510/15
Folge von 14 Holzschnitten

22 **Der heilige Petrus**, nach 1516
Holzschnitt, Kopie I von III
(Blatt 2 von 14)
305 × 185 mm
Provenienz: Alter Bestand
Inv. 8484 Gr

23 **Der Apostel Philippus**, nach 1516
Holzschnitt, Kopie I von III
(Blatt 6 von 14)
305 × 185 mm
Provenienz: Alter Bestand
Inv. 8483 Gr

24 **Der Apostel Simon**, um 1510/15
Holzschnitt, 1. Auflage
oben beschnitten
(Blatt 11 von 14)
320 × 190 mm
Provenienz: Alter Bestand
Inv. 6492 Gr

25 **Der Apostel Judas Thaddäus**, nach 1516
Holzschnitt, Kopie I von III
(Blatt 12 von 14)
305 × 185 mm
Provenienz: Alter Bestand
Inv. 8482 Gr

WV Schuchardt 1851–1871, Bd. 2, S. 217, Nr. 57 und S. 218, Nr. 60;
WV Hollstein German VI, S. 30, Nr. 32 und Abb. S. 31; S. 30, Nr. 36 und Abb. S. 32, S. 30, Nr. 41–42 und Abb. S. 33
Lit.: unpubliziert

Das Schweriner Kupferstichkabinett verwahrt vier von insgesamt vierzehn Blättern der Holzschnittfolge mit der Darstellung der Apostel. Jedes Motiv ist ähnlich angelegt: Die Heiligen werden von baum- oder pflanzenartigen Gewächsen gerahmt. Einzig bei Apostel Philippus sind es Schlangen, deren Köpfe karnevaleske Narrenkappen zieren. Die phantasievoll gestalteten Blüten und Ranken neigen sich in Kopfhöhe zu den Heiligen und deuten einen spitzbogigen Abschluss an. Entfernt erinnern sie an spätgotische Architekturmotive, wie sie sich auch als Rahmungen von Nischen auf Altarretabeln finden. Bei Simon ist nur eine schmale Bodenfläche sichtbar, an der er mit nackten Füßen steht. Dagegen öffnet sich sowohl hinter Petrus als auch Judas Thaddäus eine weite Landschaft mit Ortschaften in der Ferne. Apostel Philippus steht entsprechend seiner vormaligen Profession als Fischer auf einer mit Wellenlinien angegebenen Wasserfläche vor einem Küstenufer mit Stadt. Die Bildhintergründe der Blätter wurden für eine zweite Ausgabe überarbeitet und neu gestaltet. In der ersten Auflage war als Standfläche nur ein schmaler Erdstreifen angegeben, wie er noch bei Simon zu sehen ist. Bei der späteren Ausgabe kamen landschaftliche Hintergründe hinzu. Die drucktechnische Qualität des Simon-Blattes der frühen Ausgabe ist hoch, wogegen die späteren Abzüge verraten, dass mit diesen Holzschnitten sehr lange gedruckt wurde. Auch bei Petrus ist zu sehen, dass die schmalen und feinen Holzstege des Druckstocks beschädigt und ausgebrochen sind, ein Zeichen für den häufigen Gebrauch. Gerade an den Konturen des Schlüssels, den Petrus in seinen Händen hält, lässt sich dies deutlich erkennen. Zugleich sind die Heiligenscheine ursprünglich schattiert gewesen, in der Überarbeitung jedoch nur als Kreis angegeben. Christian Schuchardt beschrieb diese Ausgabe mit einer zusätzlich gedruckten aufwendigen Rahmung, die neben einem Text aus Füllhörnern, Blumen und Löwenköpfen bestand. Kein einziges der Schweriner Blätter besitzt diese Rahmung.

Die Folge zeigt die Heiligen mit ihren typischen Attributen. Petrus als irdischer Stellvertreter Christi trägt ein Buch und einen Schlüssel, mit dem er die Himmelspforten zu öffnen vermag. Philippus, einer der wenigen griechischen Apostel, hält einen Kreuzesstab, Judas Thaddäus wird mit der Keule dargestellt, mit der ihn die Priester erschlugen. Eine Säge kennzeichnet den Apostel Simon und steht stellvertretend für dessen Märtyrertod.

Cranach orientierte sich bei seinen Holzschnitten an bekannten Heiligenserien von außergewöhnlicher Qualität. Zu nennen ist jene von Martin Schongauer aus der Zeit vor 1481. Cranach hatte bereits Erfahrungen mit diesem Sujet gesammelt, als er 1509 die Figuren für das Wittenberger Heiltum schnitt. Die Serie war enorm erfolgreich, wie nicht nur die drei bekannten Kopien zeigen, sondern auch die Varianten in dem von Johann Schöffer im Jahr 1516 in Mainz herausgegebenen *Hortulus animae*.

TPH

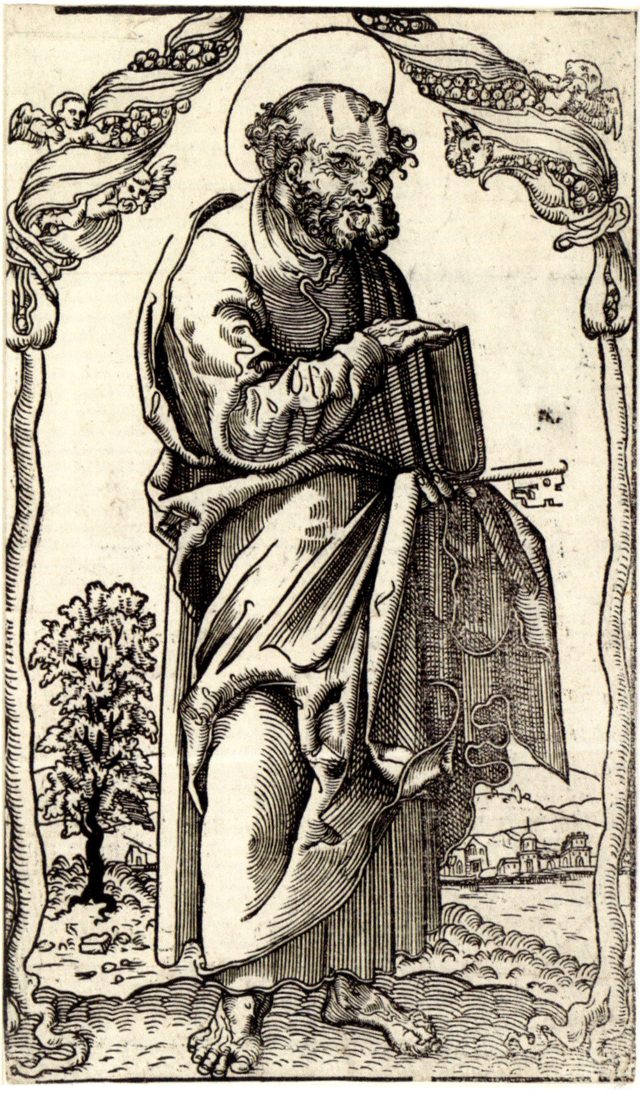

22

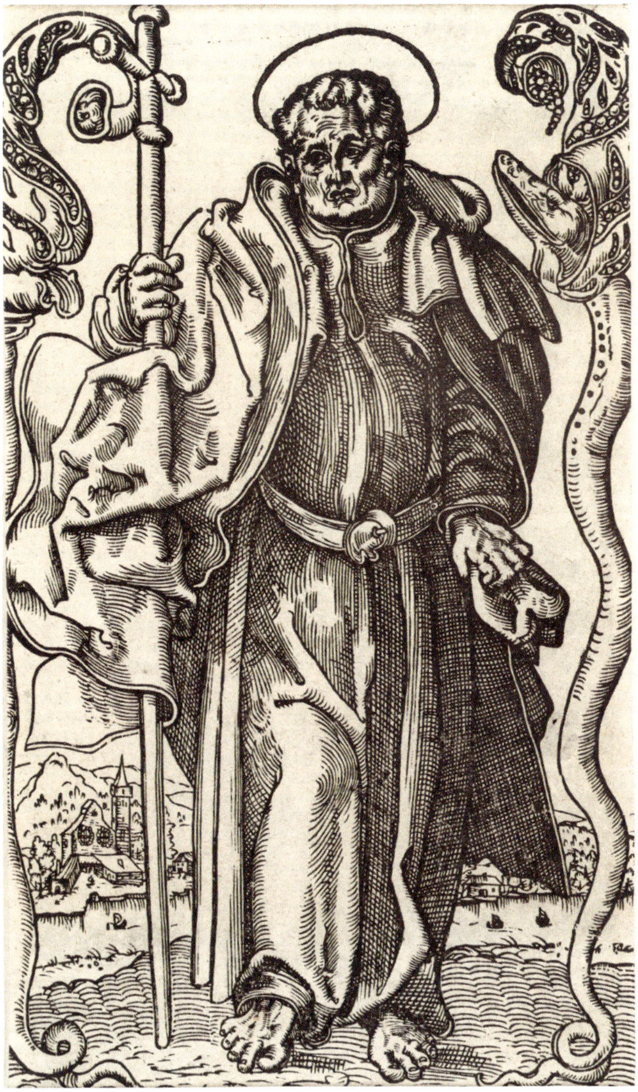

23

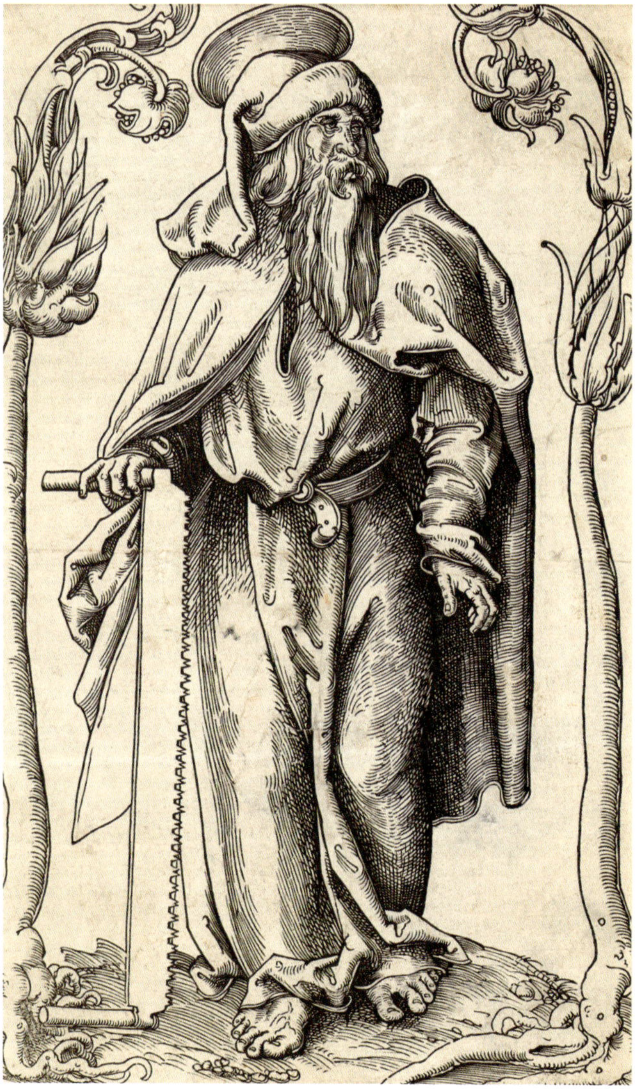

24

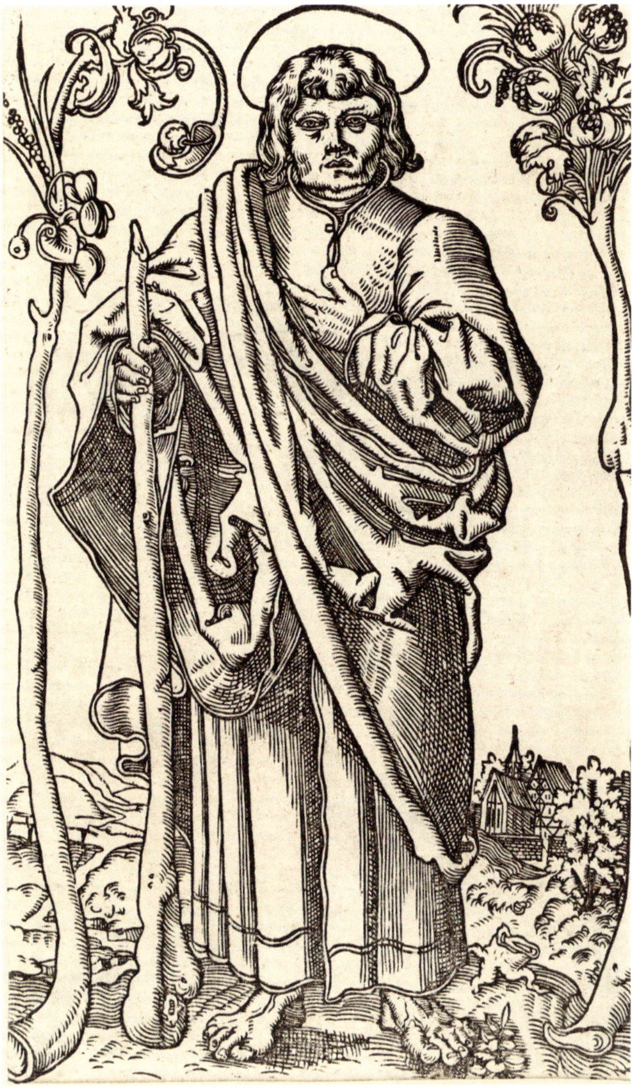

25

Lucas Cranach d. J.
Vier Evangelisten und drei Apostel, 1540
Folge von sieben Holzschnitten

26 **Matthäus**, um 1540
(Blatt 1 von 7)
Holzschnitt
271 × 171 mm
Provenienz: Alter Bestand
Inv. 8487 Gr

27 **Markus**, um 1540
(Blatt 2 von 7)
Holzschnitt
265 × 162 mm
Provenienz: Alter Bestand
Inv. 8488 Gr

28 **Lukas**, um 1540
(Blatt 3 von 7)
Holzschnitt
274 × 171 mm
Provenienz: Alter Bestand
Inv. 8485 Gr

29 **Johannes**, um 1540
(Blatt 4 von 7)
Holzschnitt
298 × 192 mm
Bezeichnet unten rechts mit der Schlange, darunter auf dem Stein datiert 1540
Provenienz: Alter Bestand
Inv. 8486 Gr

WV Hollstein German VI, S. 121, Nr. 1–4
Lit.: unpubliziert

Aus der Serie von sieben Blättern existieren in Schwerin die Holzschnitte mit den vier Evangelisten. Die Heiligen sind nicht wie bei der Apostelserie Cranachs d. Ä. frontal und allein mit ihren Attributen wiedergegeben. Dagegen versetzte Cranach d. J. sie in einen Raum bzw. in eine Landschaft und zeigt sie bei paradigmatischen Tätigkeiten. Allen Schnitten ist die hohe Konzentration der Apostel auf das Verfassen ihrer Schriften über die Begegnungen mit Jesus Christus und die Verkündigung des Wortes eigen. In drei Fällen konzentrieren sich die Heiligen ganz auf den zu schreibenden Bericht, allein der Evangelist Johannes blickt auf und schaut in einer Vision die Heilige Dreieinigkeit in den Wolken.

Die Evangelisten gehören zu den Aposteln und Apostelschülern. Sie sollen die heute kanonischen und nach ihnen benannten Bücher des Neuen Testaments niedergeschrieben haben. Ihnen beigegeben sind Attribute, anhand derer man sie eindeutig identifizieren kann und die erstmals in der Apokalypse des Johannes (4,6–8) Erwähnung finden. Die Evangelisten und ihre Beigaben markieren zentrale Szenen im Leben Jesu.

Demnach ist dem Evangelisten Matthäus auf Cranachs Holzschnitt ein Engel beigefügt. Er steht in der tradierten christlichen Ikonographie für die Menschwerdung Gottes in Gestalt von Jesus Christus. Der Evangelist Markus wird von einem Löwen begleitet, der auf die Auferstehung Christi verweist. Markus, der in Alexandria die erste Kirche gegründet haben soll und dort als Bischof diente, schrieb sein Evangelium nach den Vorträgen und Bekenntnissen des Heiligen Petrus auf. Der Stier ist das Symboltier für den Evangelisten Lukas und verkörpert den Opfertod Jesu für die Menschen. Aus Antiochia stammend, war Lukas der Weggefährte von Paulus und predigte in Jerusalem und Rom. Er arbeitete als Arzt und verfasste neben dem Evangelium zusätzlich die Apostelgeschichte. In der christlichen Kunst ist er besonders als Maler der Madonna mit dem Christuskind bekannt. Nach ihm wurden die Vereinigungen von Malern in Europa als Lukasgilden bezeichnet. Im Holzschnitt Cranachs wirkt das wundervolle, von Wolken gerahmte Madonnenbild durch das Fenster in den kostbar mit einer floralen Tapisserie verkleideten Raum hinein. Doch Lukas scheint die Himmelserscheinung nicht wahrzunehmen. Dagegen fokussiert er sich ganz auf die Abfassung seines Textes. Es ist nirgends ein Hinweis auf die malerische Nachbildung des Geschehens am Firmament zu finden, wie dies sonst in Kunstwerken der Zeit üblich war. Der vierte ist Johannes, dem der Adler zugehört. Johannes folgte dem Apostel Petrus und soll sowohl ein Evangelium als auch die Apokalypse hinterlassen haben. Er weilte und predigte vor allem in Ephesos. Im Neuen Testament wird berichtet, dass er Jesus sehr nahe stand. So lag er beim letzten Abendmahl an dessen Brust, eine Szene, die auf den meisten Darstellungen dieses Sujets zu finden ist. Auch begleitete er Christus bis zur Kreuzigung. Der Adler ist daher ein Symbol für die Himmelfahrt Christi.

An der Serie Cranachs d. J. fällt auf, dass bei den Holzschnitten der Schwerpunkt weniger auf dem Leben und den Geschichten der Evangelisten liegt, sondern im Zentrum die Niederschrift ihrer religiösen Erlebnisse steht. Die Aufgabe der Evangelisten war es vor allem, den christlichen Glauben im geschriebenen Wort zu verkündigen. Dies ist besonders augenfällig bei Lukas, der üblicherweise als Maler geschildert wurde. Die vier Holzschnitte sind ein eindrückliches Beispiel, in welch anschaulicher Weise die Cranach-Werkstatt die Motive des alten Glaubens den neuen Gegebenheiten der Reformation anzupassen wusste, indem sie die Bedeutung des geschriebenen Wortes betonte.

TPH

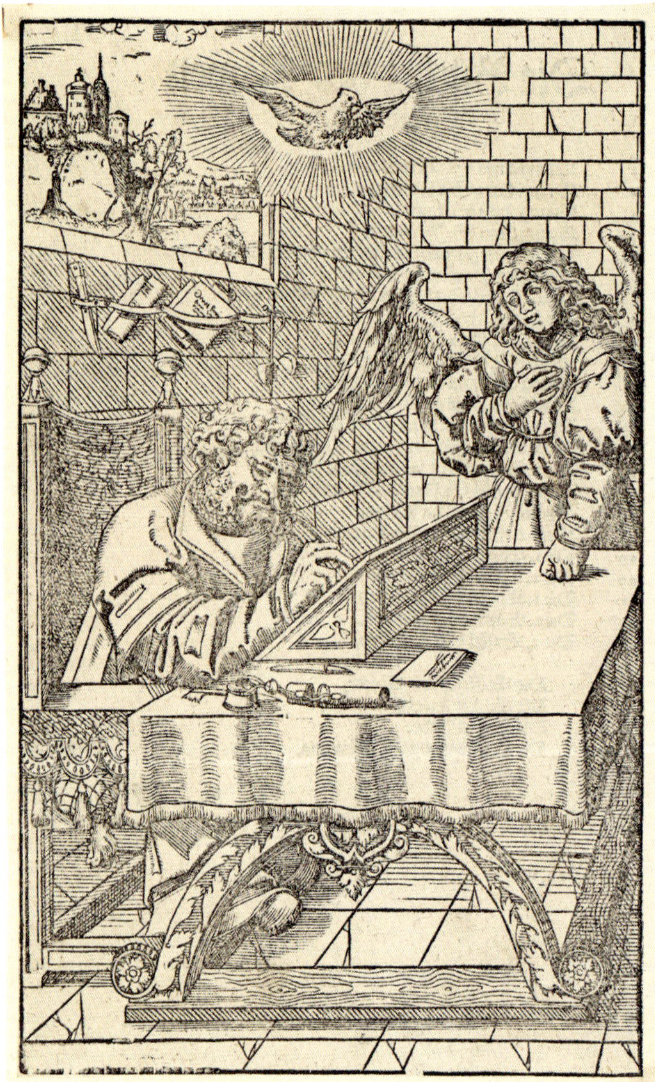

26

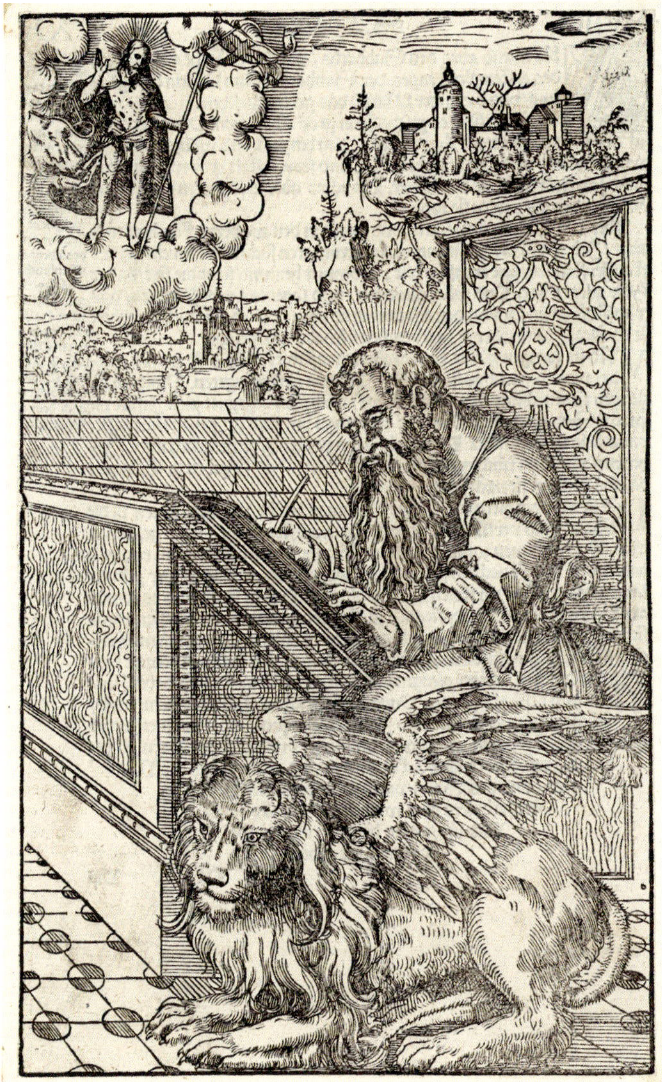

27

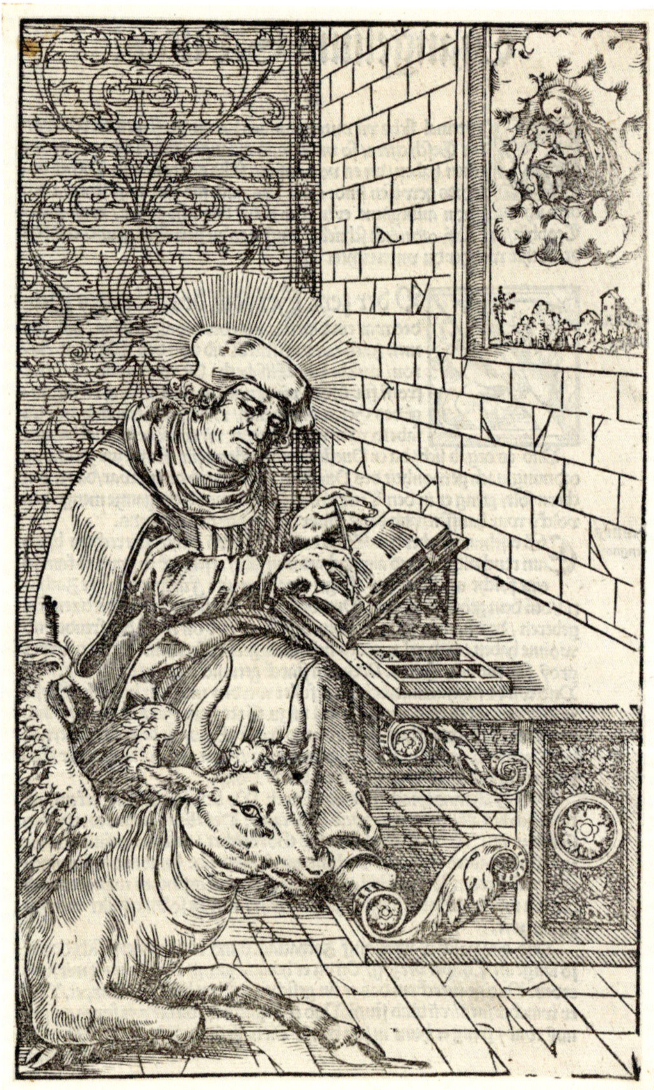

28

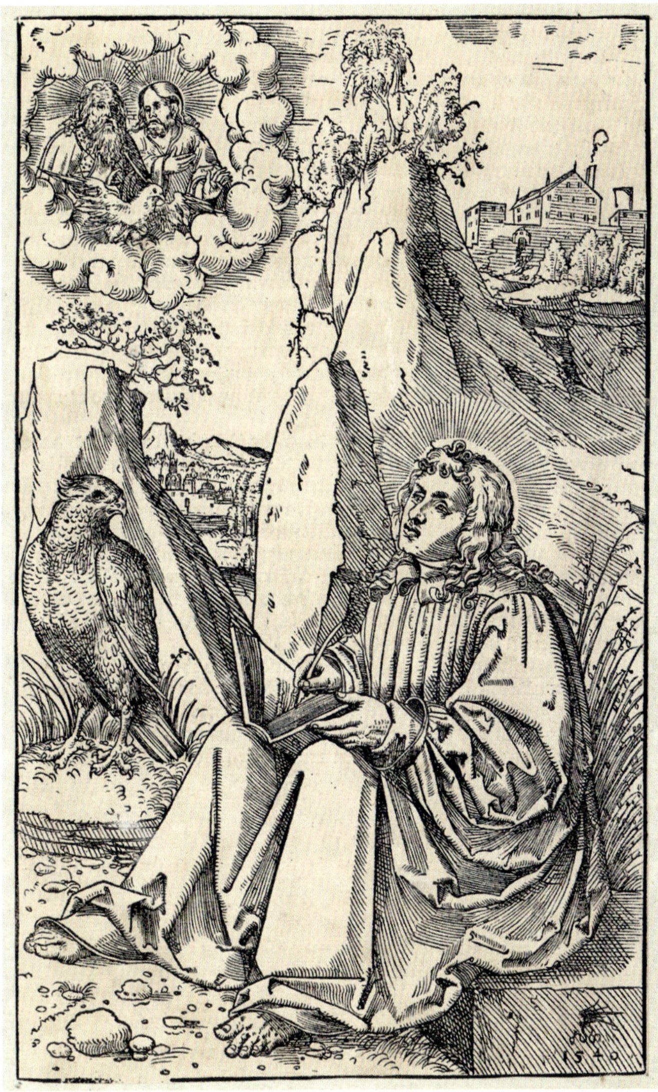

29

30 Lucas Cranach d. J.
Philipp Melanchthon, 1561
Holzschnitt, Ia von VI
275 × 159 mm
Bezeichnet links mit der Schlange, datiert 1561, oben rechts kursächsisches Wappen, darüber »EFFIGIES REVERENDI VIRI / DN. PHILIPPI MELANTHONIS.«
Geschnitten von Jacob Lucius (Marke des Schneiders am rechten Fuß, Anm. bei Hollstein)
Provenienz: Alter Bestand
Inv. 8489 Gr

WV Hollstein German VI, S. 151, Nr. 48
Lit.: Ausst.-Kat. Güstrow 1999a, S. 74, Kat. 28

Der Professor der Wittenberger Universität Philipp Melanchthon ist in eine Schaube mit Pelzbesatz gekleidet, darunter trägt er Wams und Hemd. Oben rechts ist im Bildfeld sein Wappen angebracht, unten links prangen die Jahreszahl 1561 und das Schlangensignum der Werkstatt Cranachs d. J. auf monochromem Grund. Die ganzfigurige Darstellung von Philipp Melanchthon ähnelt dem ebenfalls ganzfigurigen Porträt Martin Luthers aus dem Jahr 1546 (siehe Kat. 11). Wie bei jenem ist auch das vorliegende Bildnis posthum entstanden. Beide Bildformeln gehen auf einen Urtyp in der Wittenberger Schlosskirche zurück, der nach dem Tod Luthers 1546 für dessen Begräbnisstätte entstand. Anstelle einer Grabplatte wurde ein Gemälde gefertigt, das den Verstorbenen in Lebensgröße zeigte. Mit dem engen Freund und Mitstreiter der Reformation Melanchthon verfuhr man ähnlich. Er wurde nicht nur in unmittelbarer Nähe zu Luther beigesetzt, sondern erhielt gleichfalls ein lebensgroßes Grabbildnis. Es entstand ein Bildnispaar, das fortan in unzähligen Versionen und Varianten wiederholt wurde und sich so relativ rasch aus dem Kontext der Wittenberger Grabstätte löste. Die Doppelbildnisse veranschaulichten den geistigen lutherischen Glauben der Gotteshäuser, in denen sie anzutreffen waren. Es sind allein in Norddeutschland rund 50 Versionen überliefert bzw. nachgewiesen. Durch den halbrunden oberen Abschluss entsteht eine Nische, die bereits das Luther-Bildnis in der Art eines skulpturalen Denkmals präsentiert.

In den erhaltenen Gemäldefassungen wenden sich die beiden Reformatoren einander zu,[27] anders hingegen in der Graphik, auf der sich Melanchthon nicht nach links, sondern nach rechts wendet. Dies deutet darauf hin, dass der Holzschneider ein Gemälde kopierte, so dass Melanchthon im Druck seitenverkehrt erscheint. Das Werkverzeichnis der Druckgraphik Cranachs d. J. von Hollstein kennt sechs Zustände des Blattes. Der erste besitzt noch keine Beschriftung. Das Schweriner Blatt weist jedoch sowohl eine Inschrift als auch die Angabe zum Künstler sowie eine Datierung auf, ist also bereits eine Weiterentwicklung. TPH

27 Siehe Ausst.-Kat. Wittenberg 2015, S. 362–365, Kat. 3/35, 3/36.

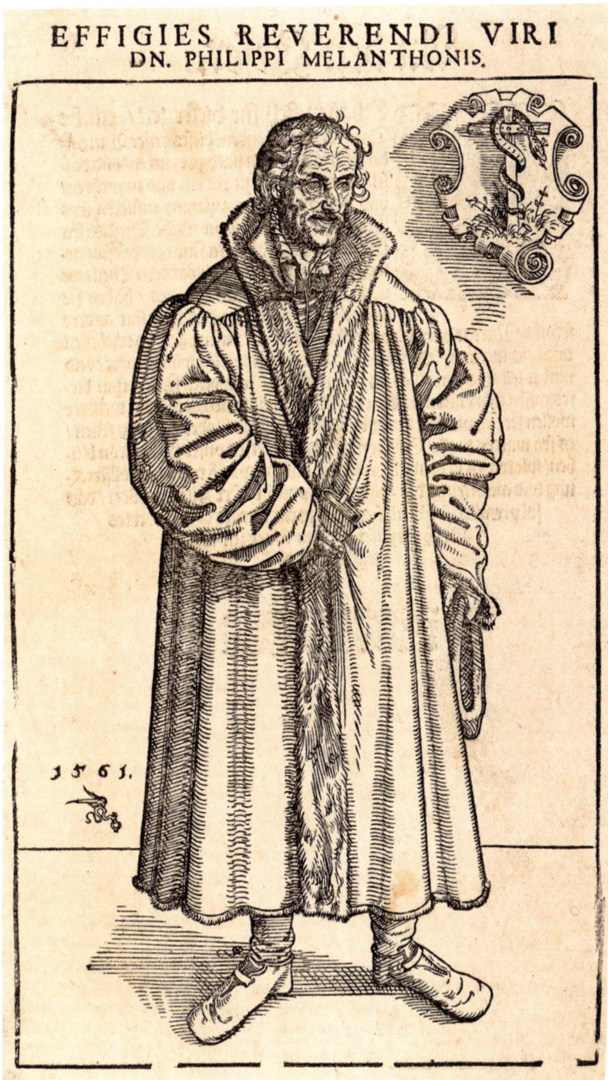

30

31 Lucas Cranach d. Ä.
Die Rast auf der Flucht nach Ägypten, mit tanzenden Engeln, undatiert
Holzschnitt, I von I
340 × 241 mm
Oben rechts kursächsisches Wappen
Provenienz: Alter Bestand
Inv. 6490 Gr

WV Schuchardt 1851–1871, S. 196, Nr. 9; WV Hollstein German VI, S. 18, Nr. 8
Lit.: unpubliziert

Die Rast der Heiligen Familie steht im Zusammenhang mit der Flucht vor der Verfolgung durch König Herodes. Gott erscheint Joseph im Traum und weist ihn an, mit Maria und dem kleinen Jesusknaben nach Ägypten zu ziehen. Während dieser Reise pausieren die drei am Wegesrand, wie im Neuen Testament bei Matthäus (2,13–15) erwähnt. Ausführlicher ist jedoch die Schilderung in den Apokryphen, besonders die Erzählungen im Kindheitsevangelium des Pseudo-Matthäus. Demnach befahl Jesus den Engeln, einen Zweig jener Palme, unter dem die Familie ausruhte, zum Andenken an das Ereignis im himmlischen Paradies einzupflanzen.

Die ersten Darstellungen der Rast finden sich ab der zweiten Hälfte des 14. Jahrhunderts. Das früheste Beispiel ist der Grabower Altar des Meisters Bertram aus der Zeit um 1379. Um 1500 stand dann der besondere Moment der Ruhe im Vordergrund, der innige, fast intime Augenblick des familiären Zusammenseins während einer sonst hastigen Flucht. Lucas Cranach d. Ä. beschäftigte sich erstmals mit der Thematik 1504 in einem Gemälde, das sich heute in der Gemäldegalerie Berlin befindet. Fünf Jahre später erschien ein ähnlicher Holzschnitt, auf dem die Muttergottes das Christuskind stillt.

Tanzende und springende Engel finden sich bereits in den Werken von Martin Schongauer oder Albrecht Dürer, deren ausgelassenes Treiben bei Cranach d. Ä. noch einmal gesteigert wird. Nun umrunden Engel die Heilige Familie in einem wilden Reigen. Die Figuren erinnern an Genien antiker Sarkophage. Zwei Engel sitzen im Baum. Jedoch brechen sie dort keinen Palmzweig, um ihn in das Paradies zu bringen, sondern betätigen sich als Räuber, indem sie unter Protest der Elterntiere den Nachwuchs aus einem Vogelnest klauen, vermutlich um ihn dem Jesuskind zu schenken, wie dies bereits auf dem Holzschnitt von 1509 zu sehen ist.[28] Dort ist das Vogeljunge eine Taube mit ausgebreiteten Flügeln, was wohl als Hinweis auf den Heiligen Geist gemeint ist. Das Schweriner Blatt nimmt diese Anspielungen zurück und stellt den Streich heraus, das Junge aus dem Nest zu stehlen.
TPH

28 Ausst.-Kat. Wittenberg/Dessau/Wörlitz 2015, S. 136–138, Kat. 11.

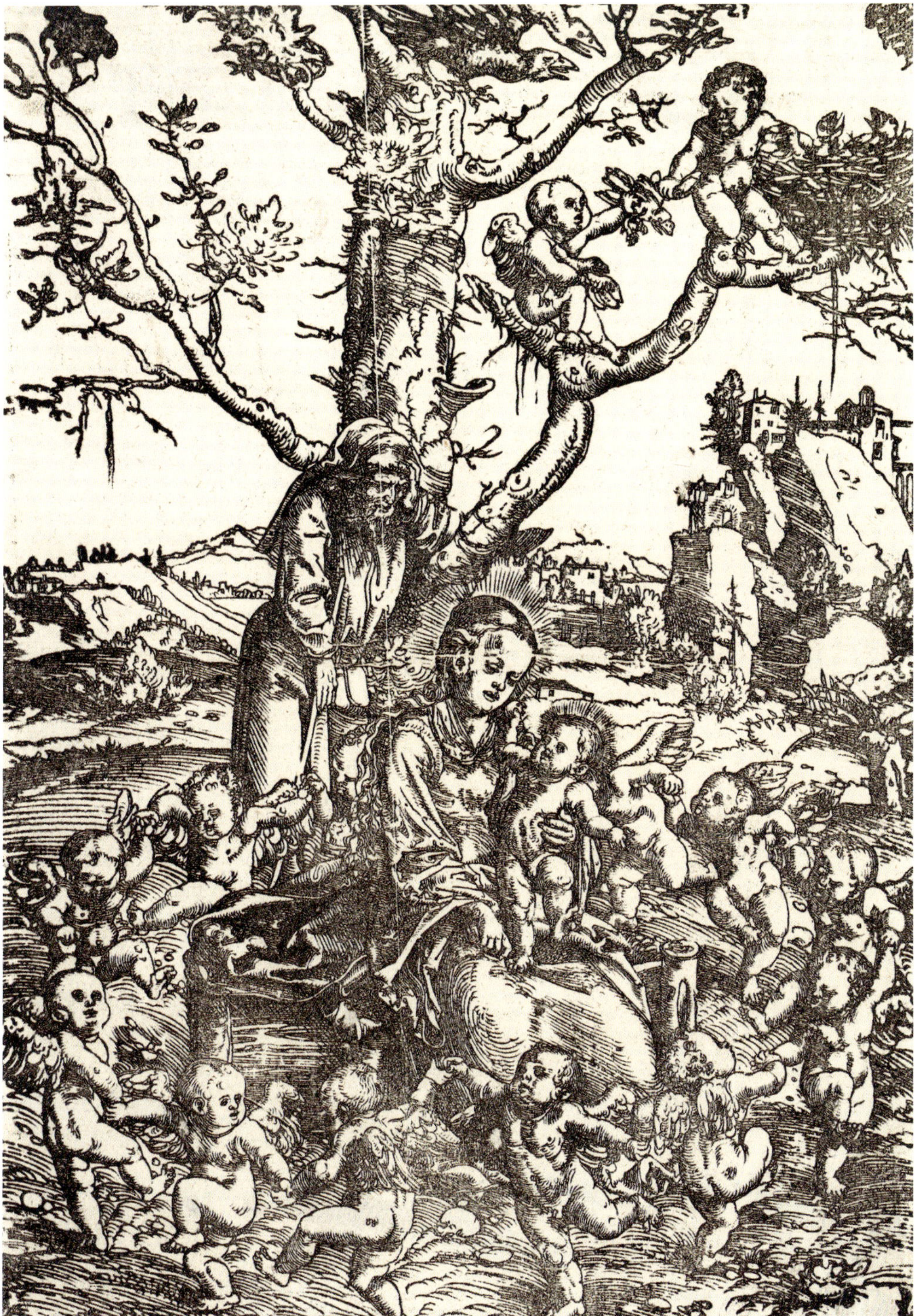

31

ANHANG

LITERATURVERZEICHNIS

Agricola (1534) 1970
Johannes Agricola, Sybenhundert und fünffzig Teütscher Sprichwörter, Reprogr. Nachdruck der Ausgabe Hagenau 1534, Hildesheim 1970

Agicola 1971
Johannes Agricola, Die Sprichwörtersammlungen, Berlin 1971

AKL
Allgemeines Künstlerlexikon, 56 Bde., München/Leipzig 1992 ff.

Andersson 1981
Christiane Andersson, Religiöse Bilder Cranachs im Dienst der Reformation, in: Lewis Spitz, Otto Büsch u.a. (Hg.), Humanismus und Reformation als kulturelle Kräfte in der deutschen Geschichte, Berlin/New York, S.43–79

Ausst.-Kat. Basel 1960
Johannes Froben und der Basler Buchdruck des 16. Jahrhunderts, Ausst.-Kat. Gewerbemuseum Basel zur 500-Jahrfeier der Universität Basel 19.6.–24.7.1960, Basel 1960

Ausst.-Kat. Basel 1974–1976
Dieter Koepplin und Tilman Falk (Hg.), Lukas Cranach. Gemälde. Zeichnungen. Druckgraphik, Ausst.-Kat. Kunstmuseum Basel 15.6.–8.9.1974, 2 Bde., Basel 1974–1976

Ausst.-Kat. Berlin 1980
Restaurierte Kunstwerke in der Deutschen Demokratischen Republik, Staatliches Museum zu Berlin (DDR), Berlin 1980

Ausst.-Kat. Bern 2000
Cécile Dupeux und Gabriele Keck (Hg.), Bildersturm. Wahnsinn oder Gottes Wille?, Ausst.-Kat. Bernisches Historisches Museum 2000, Bern 2000

Ausst.-Kat. Frankfurt 2007
Brinkmann, Bodo (Hg.), Cranach der Ältere, Ausst.-Kat. Städel Museum Frankfurt/Main 23.11.2007–17.2.2008 und Royal Academy London 8.3.–8.6.2008, Ostfildern 2007

Ausst.-Kat. Güstrow 1999a
Kristina Hegner u.a., Kunst und Reformation, Ausst.-Kat. Staatliches Museum Schwerin, Schloss Güstrow, 4.6.–25.7.1999, Hamburg 1999

Ausst.-Kat. Güstrow 1999b
Ira Koch, Aufbruch aus dem Geist des Mittelalters. Ausstellung anläßlich der 450sten Wiederkehr des Bekenntnisses Mecklenburgs zur Lehre Luthers. Museum der Stadt Güstrow, 4.6.–25.8.1999, Güstrow 1999

Ausst.-Kat. Hamburg 2003
Werner Schade, Ortrud Westheider und Silke Schuck, Lucas Cranach. Glaube, Mythologie und Moderne, Ausst.-Kat. Hamburg Bucerius Kunstforum 6.4.–13.7.2003, Hamburg 2003

Ausst.-Kat. Schwerin 1990
Kristina Hegner, Kunst der Renaissance, Ausst-Kat. Staatliches Museum Schwerin 1990, Schwerin 1990

Ausst.-Kat. Schwerin 1992/93
Hela Baudis, Kristina Hegner und Kornelia Röder, 120 Zeichnungen aus fünf Jahrhunderten, Ausst.-Kat. Staatliches Museum Schwerin und Kunstforum der GrundkreditBank Berlin 24.11.1992–31.1.1993, Berlin 1992

Ausst.-Kat. Weimar 1972
Kunstsammlungen Weimar (Hg.), Das Kinderbild von Meisterhand. Wandlungen eines Themas der bildenden Kunst von Lucas Cranach bis zur Gegenwart, Ausst.-Kat. zum fünfhundertsten Geburtstag Lucas Cranach des Älteren, Weimar 1972

Ausst.-Kat. Wittenberg 2015
Roland Enke, Katja Schneider und Jutta Strehle (Hg.), Lucas Cranach der Jüngere. Entdeckung eines Meisters, Ausst.-Kat. Wittenberg 26.6.–1.11.2015, München 2015

Ausst.-Kat. Wittenberg/Dessau/Wörlitz 2015
Michels, Norbert (Hg.), Cranach in Anhalt. Vom alten zum neuen Glauben, Ausst.-Kat. Wittenberg, Dessau und Wörlitz 26.6.–1.11.2015, Petersberg 2015 (Kataloge der Anhaltischen Gemäldegalerie Dessau, Bd.19)

Bauch 1894
Georg Bauch, Zur Cranachforschung, in: Repertorium für Kunstwissenschaft 17, 1894, S.420–435

Bebel 1969
Heinrich Bebel, Proverbia Germanica, bearb. von Willem H. D. Suringar, Hildesheim 1969, S.524–526, Nr. 485

Bierende 2003
Edgar Bierende, Bildnis des Martin Luther, Bildnis der Katharina von Bora, in: Die Gemäldesammlung des Museums im Roselius-Haus, hg. von Rainer Stamm, Bremen 2003, S.69–75

Bierende 2006
Edgar Bierende, Demut und Bekenntnis – Cranachs Bildnisse von Kurfürst Johann Friedrich I. von Sachsen, in: Johann Friedrich I. – der lutherische Kurfürst, hg. von Volker Leppin u.a., Heidelberg 2006 (Schriften des Vereins für Reformationsgeschichte, Bd.204), S.327–357

Bonnet/Kopp-Schmidt 2014
Anne-Marie Bonnet und Gabrielle Kopp-Schmidt, Die Malerei der deutschen Renaissance, München 2014

Bücken 2011
Véronique Bücken, Héroïnes et séductrices dans l'œuvre de Lucas Cranach, in: Cranach et son temps, hg. von Guido Messling, Ausst.-Kat. Paris Musée du Luxembourg 9.2.–23.5.2011, Paris 2011, S.54–65

Downes 1822
George Downes, Letters from Mecklenburg and Holstein, London 1822

Ende 1975
Horst Ende, Dorfkirchen in Mecklenburg, Berlin 1975

Erasmus von Rotterdam (1511) 1995
Desiderius Erasmus von Rotterdam, Das Lob der Torheit (erster Druck in Paris 1511), in: ders., Ausgewählte Schriften, hg. von Werner Welzig, 8 Bde., Darmstadt 1995

Foister 2003
Susann Foister, Cranachs Mythologien. Quellen und Originalität, in: Ausst.-Kat. Hamburg 2003, S.116–129

Franck (1532) 1970
Sebastian Franck, Erste namenlose Sprichwörtersammlung vom Jahre 1532, hg. von Friedrich Latendorf, Hildesheim 1970 (Volkskundliche Quellen, Bd.7)

Franck (1541) 1987
Sebastian Franck, Sprichwörter (Erster Teil, 1541), mit einem Vorwort von Wolfgang Mieder, Nachdruck Hildesheim 1987 (Volkskundliche Quellen, Bd.7)

Franck (1541) 2000
Sebastian Franck, Sprichwörter (1541), hg. von Alfred Böswald, Donauwörth 2000

Friedrich/Gernentz (1706) 1965
Thomas Friedrich, Analecta Güstroviensia, Güstrow und Leipzig 1706, ins Deutsche übertragen und mit einem Nachwort versehen von Wilhelm Gernentz 1965, Manuskript Stadtarchiv Güstrow, Güstrow 1965

Gernentz 1968
Buch des Kalands. Aus dem lateinischen Text des Pergament-Folianten im Güstrower Stadtarchiv ins Deutsche übertragen von Wilhelm Gernentz, Manuskript Güstrower Stadtarchiv, Güstrow 1968

Hamm 2010
Berndt Hamm, Der frühe Luther. Etappen reformatorischer Neuorientierung, Tübingen 2010

Hegner 2012
Kristina Hegner, Fürstliche Repräsentation am mecklenburgischen Hof, in: Kristina Hegner, Kopie, Replik, Massenware. Bildung und Propaganda in der Kunst, Ausst.-Kat. Staatliches Museum Schwerin 12.10.2012–27.1.2013, Petersberg 2012, S.33–51

Heller 1845
Joseph Heller, Die gräflich Schönborn'sche Gemäldesammlung zu Schloß Weißenstein in Pommersfelden: mit geschichtlichen Andeutungen beschrieben, Bamberg 1845

Heydenreich 2015
Gunnar Heydenreich, Hans Cranach. Auf der Suche nach seinem verlorenen Œuvre, in: Werner/Eusterschulte/Heydenreich 2015, S.117–127

Heydenreich/Görres/Herrschaft 2015
Gunnar Heydenreich, Daniel Görres und Jana Herrschaft, Die Werkstatt Cranach des Jüngeren, in: Ausst.-Kat. Wittenberg 2015, S.65–77

Hinz 1993
Berthold Hinz, Lucas Cranach d. Ä., Hamburg 1993

Hinz 2003
Berthold Hinz, Lucas Cranach d. Ä., 2. Auflage, Reinbek 2003

Hinz 2014a
Berthold Hinz, Hans (Johann) Cranach, in: AKL, Bd.22, S.168

Hinz 2014b
Berthold Hinz, Lucas Cranach der Ältere, in: AKL, Bd.22, S.168–173

Hinz 2014c
Berhold Hinz, Lucas Cranach der Jüngere, in: AKL, Bd.22, S.173–174

Kaufmann 2016
Thomas Kaufmann, Erlöste und Verdammte. Eine Geschichte der Reformation, München 2016

Kunz 2015
Armin Kunz, Cranach der Jüngere und die Graphik, in: Ausst.-Kat. Wittenberg 2015, S.79–89

Leppin 2006
Volker Leppin, Luther privat, Darmstadt 2006

Leppin 2015
Volker Leppin, Ehe bei Martin Luther: Stiftung Gottes und »weltlich Ding«, in: Evangelische Theologie, 75, 2015, S.22–33

Leppin 2016
Volker Leppin, Die fremde Reformation. Luthers mystische Wurzeln, München 2016

Leppin/Schneider-Ludorff 2014
Volker Leppin und Gury Schneider-Ludorff (Hg.), Das Luther-Lexikon, unter Mitarbeit von Ingo Klitzsch, Regensburg 2014

Lisch 1856
Georg Christian Friedrich Lisch, Über den Maler Erhard Gaulrapp, in: Jahrbücher des Vereins für mecklenburgische Geschichte und Altertumskunde 21, 1856, S. 297–309

Löcher 1995
Kurt Löcher, Humanistenbildnisse – Reformatorenbildnisse. Unterschiede und Gemeinsamkeiten, in: Literatur, Musik und Kunst im Übergang vom Mittelalter zur Neuzeit, hg. von Hartmut Boockmann, Göttingen 1995, S. 352–390

Lücke 2015a
Dietrich Lücke, Die Cranach-Familie in den Grumbach'schen Händeln, in: Werner/Eusterschulte/Heydenreich 2015, S. 52–61

Lücke 2015b
Monika Lücke, Lucas Cranach der Jüngere als Unternehmer, in: Werner/Eusterschulte/Heydenreich 2015, S. 30–41

Luther 1729–1734
Martin Luther, Des Theuren Mannes Gottes. D. Martin Luthers Sämtliche Theils von Ihm selbst Deutsch verfertigte Schriften und Werke aus allen vorhin Ausgegangenen Sammlungen zusammengetragen, bearb. von Johann Jacob Greiff, 23 Bde., Leipzig 1729–1734

Luther 1916–1919
Martin Luther, Tischreden, Bd. 4–5, Weimar 1916–1919

Luther 2002
Martin Luther, Vom ehelichen Leben und andere Schriften über die Ehe, hg. von Dagmar C. G. Lorenz, Stuttgart 2002

Maaz 2010
Bernhard Maaz, Cranach in der Gemäldegalerie Alte Meister Dresden, Berlin/München 2010

Marx/Mössinger 2005
Harald Marx und Ingrid Mössinger (Hg.), Cranach. Gemälde aus Dresden. Mit einem Bestandskatalog der Gemälde in den Staatlichen Kunstsammlungen Dresden, Ausst.-Kat. Kunstsammlungen Chemnitz 13.11.2005–12.3.2006, Bonn 2005

Neumann 2009
Carsten Neumann, Die Renaissancekunst am Hofe Ulrichs zu Mecklenburg, Kiel 2009 (Bau + Kunst. Schleswig-Holsteinische Schriften zur Kunstgeschichte, Bd. 15)

Noll 2004
Thomas Noll, Albrecht Altdorfer in seiner Zeit. Religiöse und profane Themen in der Kunst um 1500, Berlin/München 2004 (Kunstwissenschaftliche Studien, Bd. 115)

Ozarowska Kibish 1955
Christine Ozarowska Kibish, Lucas Cranachs »Christ Blessing the Children«. A Problem of Lutheran Iconography, in: Art Bulletin 37, 1955, S. 196–203

Platon 1978
Platon, Gastmahl, Phaidros, Phaidon, Wiesbaden 1978

Poppe 2014
Sonja Poppe, Bibel und Bild. Die Cranachschule als Malwerkstatt der Reformation, Leipzig 2014

Poulsen 2003
Hanne Kolind Poulsen, Fläche, Blick und Erinnerung. Cranachs *Venus und Cupido als Honigdieb* im Licht der Bildtheologie Luthers, in: Ausst.-Kat. Hamburg 2003, S. 130–143

Rabenau 1988
Konrad von Rabenau, Caspar von Köckritz – ein aktiver »Laie« in der Reformation, in: »Dem Wort nicht entgegen …«. Aspekte der Reformation in der Mark Brandenburg, hg. von Hans-Ulrich Delius, Berlin 1988, S. 98–110

Röhrich 2003
Lutz Röhrich, Lexikon der sprichwörtlichen Redensarten, 3 Bde., Freiburg/Br. 2003

Schade 1974
Werner Schade, Die Malerfamilie Cranach, Dresden 1974

Schaich-Klose 1967
Wiebke Schaich-Klose, D. Hieronymus Schurpf. Leben und Werk des Wittenberger Reformationsjuristen, Jur.-Diss. Trogen 1967 (Manuskript)

Schlie 1882
Friedrich Schlie, Beschreibendes Verzeichnis der Werke älterer Meister in der Grossherzoglichen Gemälde-Gallerie zu Schwerin, Schwerin 1882

Schlie 1902
Friedrich Schlie, Die Kunst- und Geschichts-Denkmäler des Grossherzogthums Mecklenburg-Schwerin, Bd. 5: Die Amtsgerichtsbezirke Teterow, Malchin, Stavenhagen, Penzlin, Waren, Malchow und Röbel, Schwerin 1902

Schmalz 1935–1952
Karl Schmalz, Kirchengeschichte Mecklenburgs, 3 Bde., Schwerin 1935–1952

Schnell 1899
Heinrich Schnell, Das Bekenntnis des Herzogtums Mecklenburg, Leipzig/Berlin/Rostock 1899

Schulze 2004
Ingrid Schulze, Lucas Cranach d. J. und die protestantische Bildkunst in Sachsen und Thüringen. Frömmigkeit, Theologie, Fürstenreformation, Bucha 2004 (Palmbaum Texte. Kulturgeschichte, Bd. 13)

Simson 1990
Otto von Simson, Das Hohe Mittelalter, Berlin 1990 (Propyläen Kunstgeschichte, Mittelalter II)

Slenczka 2015a
Ruth Slenczka, Cranach der Jüngere im Dienst der Reformation, in: Ausst.-Kat. Wittenberg 2015, S. 124–137

Slenczka 2015b
Ruth Slenczka, Augentäuschung als Bild des Glaubens. Cranach der Jüngere und seine Kunst aus Sicht der Zeitgenossen, in: Werner/Eusterschulte/Heydenreich 2015, S. 219–227

Straten 1983
Adelheid Straten, Das Judith-Thema in Deutschland im 16. Jahrhundert. Studien zur Ikonographie – Materialien und Beiträge, Phil.-Diss. München 1983

Strehle/Kunz 1998
Jutta Strehle und Armin Kunz (Hg.), Druckgraphiken Lucas Cranach d. Ä. im Dienst von Macht und Glauben. Bestandskatalog der Druckgraphiken Lucas Cranach d. Ä. anlässlich der Ausstellung »Im Dienst von Macht und Glauben« in der Lutherhalle Wittenberg, 28.5.–20.9.1998, Wittenberg 1998

Tacke 2007a
Andreas Tacke (Hg.), Lucas Cranach 1553–2003. Wittenberger Tagungsbeiträge anlässlich des 450. Todesjahres Lucas Cranachs des Älteren, Leipzig 2007 (Schriften der Stiftung Luthergedenkstätten in Sachsen-Anhalt, Bd. 7)

Tacke 2007b
Andreas Tacke, Mit Cranachs Hilfe. Antireformatorische Kunstwerke vor dem Tridentiner Konzil, in: Ausst.-Kat. Frankfurt 2007, S. 81–89

Thiele 1900
Ernst Thiele, Luthers Sprichwörtersammlung (1. Auflage Leipzig o. J.), Nachdruck 1900

Thöne 1965
Friedrich Thöne, Lucas Cranach der Ältere, Königstein/Taunus 1965

Warnke 1984
Martin Warnke, Cranachs Luther. Entwürfe für ein Image, Frankfurt/Main 1984

Werner 2015
Elke Anna Werner, Präsenz und Distanz. Zur Porträtkunst Lucas Cranachs des Jüngeren, in: Ausst.-Kat. Wittenberg 2015, S. 103–113

Werner/Eusterschulte/Heydenreich 2015
Elke A. Werner, Anne Eusterschulte und Gunnar Heydenreich (Hg.), Lucas Cranach der Jüngere und die Reformation der Bilder, München 2015

Winter 2015
Sascha Winter, Der Künstler im Andenken der Nachwelt. Zur Grabplatte und Memoria Lucas Cranachs d. Ä. in Weimar zwischen dem 16. und 19. Jahrhundert, in: Bild und Bekenntnis. Die Cranach-Werkstatt in Weimar, hg. von Franziska Bomski u. a., Göttingen 2015 (Klassik Stiftung Weimar, Jahrbuch 2015), S. 227–255

WV Friedländer/Rosenberg 1989
Max J. Friedländer und Jakob Rosenberg, Die Gemälde von Lucas Cranach (1. Auflage 1932), Stuttgart 1989

WV Hofbauer 2010
Michael Hofbauer, Cranach – Die Zeichnungen, Berlin 2010

WV Hollstein German
Friedrich Wilhelm Heinrich Hollstein (Hg.), German engravings, etchings and woodcuts ca. 1400–1700, 83 Bde., Amsterdam 1954 ff.

WV Schuchardt 1851–1871
Christian Schuchardt, Lucas Cranach des Aeltern Leben und Werke, 3 Bde., Leipzig 1851–1871

PERSONENREGISTER

BILDNACHWEIS

Wenn nicht anders angegeben:
© Staatliches Museum Schwerin / Ludwigslust / Güstrow, Fotografin: Gabriele Bröcker, Schwerin

akg-images: S.9 (Abb.1), S.25 (Abb.4), S.45
© Bildarchiv Foto Marburg: S.24 (Abb.2)
bpk / Alfredo Dagli Orti: S.13 (Abb.6)
bpk / Alinari Archives / Lorusso, Nicola for Alinari: S.11 (Abb.3)
bpk / Gemäldegalerie, Staatliche Museen zu Berlin / Volker-H. Schneider: S.12 (Abb.4)
bpk / Herbert Werner Gewande: S.16 (Abb.11)
bpk / Klassik Stiftung Weimar / Olaf Mokansky: S.15 (Abb.9)
bpk / Kupferstichkabinett, Staatliche Museen zu Berlin: S.10 (Abb.2)
bpk / Kupferstichkabinett, Staatliche Museen zu Berlin / Jörg P. Anders: S.26 (Abb.5–6), S.12 (Abb.5), S. 35 (Abb.1)
bpk / RMN – Grand Palais / Michèle Bellot: S.17 (Abb.12)
bpk / Roland Dreßler: S.19 (Abb.14)
bpk / Staatliche Kunsthalle Karlsruhe / Annette Fischer / Heike Kohler: S.15 (Abb.10)
bpk / Staatliche Kunstsammlungen Dresden / Hans-Peter Klut: S.14 (Abb.7), S.19 (Abb.15)
Deutsches Historisches Museum, Berlin, Inv. P 2003/192: S.28 (Abb.9)
Elke Walford, Hamburg: S.49 (Abb.3), S.52 (Abb.4), S.53 (Abb.5), S.57 (Abb.7), S.60 (Abb.8), S.62 (Abb.9), S.71 (Abb.13)
Johannes Jahn: Lucas Cranach der Ältere, 1472–1553: das gesamte graphische Werk, München 1972, 661: S. 27 (Abb.8)
© Photo SCALA, Florence: S.25 (Abb.3)

IMPRESSUM

Begleitband zur Ausstellung »Cranachs Luther« des
Staatlichen Museums Schwerin / Ludwigslust / Güstrow
in Schloss Güstrow vom 20. Mai bis 24. September 2017

Herausgeber: Tobias Pfeifer-Helke, Dirk Blübaum
Idee, Konzept, Katalog und Ausstellung: Tobias Pfeifer-Helke

Autoren:
Edgar Bierende
Regina Erbentraut
Tobias Pfeifer-Helke
Gisela Scheithauer
Gero Seelig
Restauratorische Betreuung: Jutta Allmann
Museumspädagogik: Monika Lehmann
Öffentlichkeits-und Pressearbeit: Heidemarie Otto, Magdalena Burkhardt
Ausstellungsaufbau: Agentur wolkenbank, Volker Grießing, Ralf Jaitner, Jürgen Meyer

Die Ausstellung wird begleitet von dem Vermittlungsprogramm »Pop up Cranach«, eine Produktion des Alice – Museum für Kinder im FEZ-Berlin (in Kooperation mit der Stiftung Luthergedenkstätten in Sachsen-Anhalt)

Lektorat: Jasmin Fröhlich, Deutscher Kunstverlag
Layout und Satz: Kasper Zwaaneveld, Deutscher Kunstverlag
Reproduktionen: Birgit Gric, Deutscher Kunstverlag
Druck und Bindung: Elbe Druckerei GmbH, Wittenberg

Bibliografische Information der Deutschen Nationalbibliothek
Die Deutsche Nationalbibliothek verzeichnet diese Publikation in der Deutschen Nationalbibliografie; detaillierte bibliografische Daten sind im Internet über http://dnb.dnb.de abrufbar.

Paul-Lincke-Ufer 34
D-10999 Berlin

www.deutscherkunstverlag.de
ISBN 978-3-422-07429-3